거절을 거절하라

거절을 거절하라

유준원

Prologue

/prologue/

나는 자랑스러운 세일즈맨이다.

내 책 제목을 들어 보더니 시시해하는 세일즈맨이 있었다. 그는 4만 번이나 찾아가서 4천 건의 계약이 성사된 거면 성공률이 겨우 10%밖에 안 되는데 그게 뭐 그리 대단한 거냐고 말했다. 말투에 나를 무시하는 마음이 느껴졌지만 나는 그가 어떤 세일즈맨인지 잘 알기에 씁쓸한 웃음으로 답했다. 그 사람은 열정적이지도 않았고 한 번에 일확천금을 벌 생각만 하는 세일즈맨이었다. 내가 자랑스러워하는 세일즈맨에는 어울리지 않는 사람이었다.

진짜배기 세일즈맨은 알 것이다. 4만 번의 도전 끝에 4천 건의 계약을 했다는 것은 단순히 계약 성공률 10%

를 의미하는 게 아님을 말이다. 4만 번의 도전 끝에 얻어낸 자신감은 앞으로 어떤 도전의 기회가 주어져도 흔들리지 않고 100%의 성공률로 달성할 수 있게 하는 원동력이 되었다. 또 다시 4만 번 도전해야 할 세일즈 상품이 있다면 나는 1만 건 이상의 계약을 따 낼 수 있다고 확신할 수 있다. 또한 나는 이 도전의 시간을 통해 세일즈를 대물려 주고 싶을 만큼 세일즈를 자랑스러워하는 마음이 생겨났다. 이 자신감과 자랑스러움은 그 어떤 것으로도 얻기 힘들만큼 크며 앞으로도 평생 성공적인 세일즈를 하기 위한 아주 중요한 요소이기도 하다.

우리는 누구나 한 번쯤 이런 말을 들어보고 또 고민하며 자랐다.

'이 다음에 커서 뭐가 될 거니?'

교사, 경찰, 연예인, 요리사, 운동선수 등등…….참으로 다양한 직업들이 쏟아져 나오는데 그 중에서 세일즈맨을 할 거라고 답한 사람들은 아마 없을 것이다. 내 아들과 딸 역시 중학생과 고등학생이 되면서 앞으로 뭐가 될 건지를 심각하게 고민하고 있는데 그런 아이들에게 나는 강력하게 세일즈맨을 하라고 말하고 있다. 예전에는 내가 미처 이루지 못한 기자나 여행가와 같은 꿈을 이루기를 희망했지만 지금은 그렇지 않다. 세일즈맨이 얼마나 매력적인 직업인지를 잘 알기에 내 아이들에게 추천하는 것이다.

2014년 대한민국은 각종업체의 세일즈맨들이 다방면으로 뛰어다니고 있다. 그만큼 세일즈 할 상품이 많이 출시되고 있다는 뜻이기도 하지만 세일즈맨의 길에 뛰어드는 사람의 수가 많아지고 있다는 뜻이기도 하다.

사무실에 앉아 상사의 눈치를 살펴야 할 일이 없고 내가 치루는 대가에 비해 얻을 수 있는 보상도 훨씬 더 크다. 상위 10% 안에만 들어도 고수익을 벌 수 있고 사람들의 존경까지 받을 수 있다. 게다가 이 상위 10% 안에 들기 위해서는 명문대의 학벌이나 고득점의 토익점수나 빵빵한 스펙이 필요 없다. 평범한 외모에 그저 그런 학벌과 스펙임에도 상위권의 세일즈맨이 될 수 있다. 정확한 상품 안내실력과 지혜로운 끈기로 고객과 꾸준히 좋은 관계를 유지할 수만 있다면 누구나 성공적인 세일즈를 할 수 있다.

세일즈를 하다보면 전국을 돌아다닐 일이 생기니 자연스럽게 여행도 할 수 있고 많은 사람들을 고객으로 삼아 인연을 만들 수도 있으니 이 얼마나 좋은 직업인가!

우리는 살면서 얼마나 많은 사람들과 만날 기회를 갖는가? 내 가족과 친구들, 직장과 종교, 단골식당과 미용실 등이 전부이다. 하지만 세일즈맨들은 그 어떤 삶보다도 폭넓은 관계를 형성할 수 있다.

세일즈맨에 대한 사람들의 인식도 조금씩 달라지고 있다. 상품이든 서비스든 자신에게 도움이 될 만한 것들을 갖고 와서 친절하게 설명해 주고 계약 후에도 꾸준히 사후관리를 해 주니 얼마나 큰 도움이 되겠는가!

세일즈맨들은 매일 아침마다 지점에서 교육을 받는다. 판매실적을 올리기 위한 교육만은 아니다. 잡다한 상식이나 유머부터 그 날의 국내외 뉴스거리나 시사거리까지 다양한 이야기들이 오고간다. 요즘은 교육시간마다 독서를 강하게 권하고 있기도 한다. 이러니 세일즈를 잘한다는 말은 곧 성실하고 지혜롭다는 말과 같다고 해도 되지 않겠는가.

세계화전략연구소 대표로 있는 이영권 박사는 '선진국형 쓰나미'라는 표현을 했다. 의료기술의 발달로 장수시대가 도래했지만 평생직장의 개념이 사라지고 빈부격차는 점점 커져서 돈도 없이 직업도 없이 오래 살아야 하는 사람들이 엄청나게 늘어나 세계적인 문제가 될 것이라고 말했다. 비참함을 넘어선 무서운 말이다. 지금 있는 직장에서 과연 몇 살까지 일하며 살 수 있을지 매일매일 살얼음을 걷는 기분으로 일하는 모든 회사원들은 더욱 그럴 것이다. 그러나 세일즈맨들은 어떤가? 우리는 정해진 급여를 받는 사람들이 아니다. 내가 노력한 만큼 몇 살까지고 얼마든지 벌 수 있다. 또한 판매될 때마다 찾아오는 성취감과 희열감은 돈으로도 환산하기 어려우니 우리 아이들에게 추천해주고 싶지 않겠는가? 나의 지난 성공시절, 나의 학벌 등을 생각하며 세일즈를 부끄럽게 생각하지 마라.

'총각네 야채가게'의 이영석 대표는 대학교를 졸업한 뒤 다니던 회사를 때려치우고 무일푼으로 1년 간 오징어 행상을 따라다니며 장사를 배웠다. 그리고 대출금으로 트럭을 구매해 야채행상을 다녔다. 어쩌면 젊은 나이에 이런 일을 한다는 것을 부끄럽게 생각할 만도 하건만 그는 5년을 그렇게 일하다가 드디어 '총각네 야채가게'를 차렸다. 현재 이영석 대표는 전국에 40여 개 프랜차이즈 매장을 열었으며 '백만장자가 된 야채가게 총각 사장'이라는 타이틀을 얻었다.

국립세무대학이나 명문대법대 출신으로 화려한 스펙

을 갖고 있는 세일즈맨들 중에는 고객을 무시하거나 자신의 신세를 한탄하며 시간을 보내는 경우가 종종 있다. 많이 배우고 똑똑한 사람들이니 세일즈를 더 잘할 수 있을 것 같은데 은연 중 세일즈를 부끄럽게 여기는 마음 때문에 자신을 굽히지 못하는 것이다. 나는 시내의 인문계고등학교출신도 아니며, 대학도 나오지 못했다. 하지만 그렇기에 더 나를 낮추고 고객을 높여서 고객을 통한 행복과 만족함을 느낄 수 있다. 또한 세일즈를 자랑스럽게 생각하고 있기에 비록 학벌이 낮고 배운 게 적어도 고객들 앞에서 더 자신감 있고 당당할 수 있는 것이다.

나는 이 땅의 모든 세일즈맨들이 자부심을 갖고 행복해지기를 바란다. 세일즈맨이 행복해지면 대한민국은 정말로 행복해지는 것이다. 행복한 세일즈맨들은 많은 상품과 서비스를 유통시키며 생산자와 소비자를 연결해 줄 것이다. 그러다보면 돈이 잘 돌게 될 것이고 경제가 살아날 수 있다.

이 책을 쓰기로 마음먹은 것도 이런 이유에서이다. 세일즈맨들이 자신의 일을 자랑스럽게 여기고 행복해지도록. 그래서 대한민국이 세일즈맨으로 인해 행복해질 수 있기를 바라는 마음에서 말이다. ☂

/CONTENTS/

+ 프롤로그　　　　나는 자랑스러운 세일즈맨이다.　　　　006

/Part 01/
나는 세일즈맨이다.
무엇이 문제인가?

01 희망동행, 노란 우산　　　　017
02 세일즈맨은 교체가 되지 않는 일체형 휴대폰　024
03 실적보다는 최선을 생각해라.　　　　030
04 포기도 현명한 '전략'이 된다.　　　　038
05 공룡과의 싸움을 피하지 마라.　　　　044
06 바람직한 역경　　　　049
07 고객의 거절은 곧 밥이고 물이다.　　　　053
08 신념이 세일즈의 전부다.　　　　058

/Part 02/
이것이 답이다.
세일즈 정석!

01 내 친구 카카오 톡과 문자 메시지　　　　069
02 유체이탈연습　　　　072
03 선물로 '나'를 드려라.　　　　076
04 잠재고객을 소개 받아라　　　　083
05 똑똑한 사재기, 착한 밀어내기　　　　090
06 망하고 싶다면 최대한 싸게 팔아라.　　　　096
07 지역은 제한하고 시장은 넓혀라.　　　　102
08 시장은 제한하고 지역을 넓혀라.　　　　106
09 동업으로 3배 실적 올리기　　　　110
10 순간순간이 기회다.　　　　115
11 당신은 지금 세일즈 성공에 얼마만큼 간절한가?　119

/Part 03/

거절, 이제부터 시작이다!

01 복명복창(復命復唱)의 마술 ···· 129
02 고객에게 꽂힐 수 있는 딱 한마디를 찾아라. ···· 137
03 거절당하는 순간에도 예의를 지켜라. ···· 142
04 자동거절에는 자동응대로 ···· 145
05 4만 번의 도전, 4천 건의 계약 ···· 153
06 거절보다 더 무서운 A/S ···· 160
07 거절을 거절하라. ···· 163
++ 시작부터 거절은 없고 도전만 있는 일곱 가지 방법

+ 에필로그   감사의 글   ···· 178

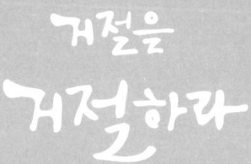

"오늘의 최선이
내일은 반드시
꽃밭으로 가는 길을 열어
줄 것이다."

Part.1

나는 세일즈맨이다. 무엇이 문제인가?

/part 01/

나는 세일즈맨이다.
무엇이 문제인가?

오늘의 최선이 내일은 반드시
꽃밭으로 가는 길을 열어줄 것이다.

/01/ 희망동행 노란우산

마음속으로 카운트를 센다.

'하나, 둘, 셋…….'

"필요 없으니 오지 마세요!"

사업장 문을 열고 인사를 드리고 상품 안내를 하는데 평균 10초도 걸리지 않는다. 이렇게 빨리 거절을 당하다 보니 실제 2007년과 2008년 여름까지 월 평균 일천 군데를 방문하는 기록을 세우기도 했다. 빨리 안내하고 빨리 거절당하는 것이 어느 덧 일상이 되어버린 날들이었다.

나는 친구의 소개로 우연히 노란 우산 공제를 알게 되었다. 노란 우산 공제는 소기업, 소상공인이 폐업을 했을 때 생활 안정을 기하고 사업재기를 도모할 수 있도록 중소기업협동조합법 제 115조에 따라 운영되는 공적제도이다. 2007년 9월 5일부터 시작된 노란우산공제는 현재 가입 건수가 40만을 넘어섰다. 조성기금도 1조원을 훌쩍 넘어섰다. 가입요건을 갖춘 업체수가 600만이 되는 것을 생각하면 아직도 시작단계라고 할 수 있다.

나는 이 제도가 노란 색의 희망과 보호막의 역할을 하는 우산을 상징하는 뜻으로 만든 것이 아닐까 하는 생각이 들었다. 공무원이나 직장인은 퇴직금이 있는데 법인대표자가 아닌 소규모사업장 대표들은 퇴직금이 없으니 그들을 위한 사회안전망으로 시행된 제도이기 때문이다.

'아! 노란 우산 공제! 이렇게 좋은 제도가 있었구나!'

노란 우산 공제 수당이 다른 보험에 비해 턱 없이 적었지만 이렇게 좋은 제도라면 분명히 잘될 거라는 확신이 들어 나는 이 일을 시작하게 되었다. 하지만 사업자들의 반응은 나의 생각과는 전혀 달랐다. 2007년 9월 5일부터 2008년 1월 31일까지 나는 정말 딱 한 건의 계약만을 해냈다. 그 5개월의 시간 동안 내가 번 수입은 37,500원이 전부였다. 정확히 계산하면 원천징수로

3.3% 공제했으니 이 보다 더 적게 번 셈이었다.

"그런 일을 왜 계속해? 왜 그렇게 멍청해?"

5개월 내내 친구들로부터 이 소리를 들어야 했다. 이미 만으로 40세가 된 지금, 나는 내세울만한 그 무엇도 없이 나이만 먹고 있었다. 가족들을 볼 면목도 없었다. 3년 전인 2004년에도 어머니와 의기투합하여 세운 청국장공장이 1년도 못 가 문을 닫는 바람에 모두를 고생시키지 않았던가.

'생활비도 제대로 못 버는 상태인 나는 도대체 뭐하는 놈인가! 5개월 간 37,500원이라니, 내가 지금 제 정신일까?'

청국장공장에서 혼자의 힘으로 직접 청국장을 만드시느라 더 몸이 상해져버린 어머니에게 나는 불효자였다. 하지만 그렇다고 이 노란 우산 일을 그만두고 싶지 않았다. 사람들이 몰라서 그러는 거지 노란 우산 공제에 대해 제대로 알게 되면 무조건 가입할 거라는 확신을 버릴 수 없었다. 더구나 청국장공장에서 청국장을 판매하며 쌓게 된 영업의 노하우를 새로운 사업에서 쓰고 싶었지만 나에게는 사업을 할 자금이 전혀 없었다. 돈 없이 할 수 있는 일을 해야만 했다.

나는 청국장공장에서 혼자 판매를 하러 다니던 때를 다시 생각해보았다. 2004년 봄은 대한민국전체가 청국장냄새로 진동할 정도로 청국장이 폭발적 인기를 누리던 때였다. 어머니의 음식솜씨는 정말 천하제일이라고 말해도 손색이 없을 정도로 좋으셨다. 그런 어머니와 청국장공장을 한다면 바로 성공이라고 확신했었다. 나는 신이 나서 어머니가 만드신 청국장을 홍보하고 판매하러 다녔다. 그 때 나는 세계 최고의 직책으로 판매를 하러 다녔다. 명함을 주기 전에 내 직책을 맞혀보라고 하면 아무도 맞히지 못했다. 내 직책은 바로 '큰아들'이었다. 명함 속 직책을 보고 사람들은 재미있어 했고, 청국장을 직접 만드는 사람의 아들이라고 하니 다들 신뢰해주었다. 웃음과 신뢰를 주니 청국장을 찾는 사람들의 수가 점차 늘어났다.

하지만 하루가 다르게 콩 값이 오르고, 양심어린 전통 제조방식의 생산이 판매량을 따라잡지 못해 결국 공장의 문을 닫게 되었다. 비록 실패로 끝나기는 했지만 그 때 내가 얻은 한 가지가 있었다. 바로 다른 사람의 마음을 얻으려면 '웃음과 신뢰'를 줘야 한다는 것이다.

그렇다. '웃음과 신뢰!'

청국장공장을 할 때는 자금도 부족하고 경쟁자가 너무 많아 실패했지만 지금은 어떤가. 그 때에 비하면 오히려 더 좋은 환경이지 않은가. 나는 내가 영업하고자 하는 이 노란 우산 공제가 어떤 것인지 더 철저히 분석하고 연구해서 고객들에게 신뢰를 주고 아무리 거절을 당해도 고객에게 늘 웃음을 잃지 않는 세일즈맨이 되기로 다시금 마음을 먹었다.

1. 사업비가 없이 전액 복리이자를 적용한다.
2. 연간 300만원까지 추가로 소득공제 혜택을 준다.
3. 법적으로 압류가 되지 않는다.
4. 가입한 대표들에게 무료상해보험을 가입해 준다.

내 말을 들을 준비가 안 되어 있고, 그럴 마음도 없는 고객들에게 구구절절 길게 설명할 시간이 없었다. 하지만 노란 우산의 이 4가지 핵심 혜택은 꼭 전해야 했다. 짧지만 이것만으로도 고객들이 이 노란 우산 공제가 얼마나 그들에게 도움이 되는 지 알 것이라고 생각했다. 영리목적이 아닌 공익목적으로 태어난 제도였고 폐업을 하면

기간에 상관없이 원금과 복리이자를 일시불로 지급해준다. 금액도 중간에 얼마든 지 변경할 수 있으니 형편 되는대로 들 수 있다. 또, 소득공제 300만원을 단독으로 공제해 준다. 연간 4백만 원의 소득공제가 있는 연금저축은 모두 금융기관 합산이다. 그것과 별도로 300만원을 추가로 해 주니 연간 700만원의 소득공제를 받게 되는 것이다. 압류가 될 정도로 사업이 잘못되면 안 되겠지만 만약 그런 일이 생겨도 압류가 없다. 가입 후 2년 간 상해보험을 가입해 주는 데 공짜이다. 나는 이 4가지 핵심사항과 고객이 받게 될 놀라운 혜택을 간결하고 짧게 설명했다.

이렇게 좋은 제도이니 언젠가 고객들이 노란 우산 공제를 알아줄 것이라고 믿었다. 분명히 사업자에게 필수적인 것이니 나는 이제부터 노란우산세일즈맨이 아니라 노란우산전도사라고 생각했다. 일단 전도사라고 명칭을 바꾸니 더 많은 사업자대표들에게 이 제도를 알리고 가입시켜야 한다는 의지가 생겨났다. 어떤 좋은 정책과 혜택이 있는 지도 잘 모르는 중소기업에게 정보를 알려주고 손톱 밑의 가시 같은 일들을 해결할 수 있는 발판을 마련해 주는 전도사라는 생각으로 일을 했다.

그렇게 희망을 버리지 않고 일했더니 2007년 10월에 한 첫 계약 이후로 5개월 간 아무 실적도 없었던 나는 이후 2008년 상반기에는 전국에서 가장 많은 계약을 했다. 그리고 각종 프로모션을 따내며 좋은 실적을 쌓아 전국 1위의 세일즈맨으로 선정됐다. 2007년부터 2013년까지 고객들로부터 4만 번의 거절을 당하고 4천 건의 계약을 성사했으며 이 글을 쓰고 있는 2013년에도 소개 전화가 매일같이 걸려오고 있다. 이제는 자신감이 생겨 나를 거절하는 전국의 어느 사업장이나 불쑥 들어가서 '안녕하세요! 노란 우산입니다!' 하고 외칠 수 있다.

세일즈를 하다보면 슬프고 비참한 순간들이 많다. 그럴 때는 이 세상에 나와 딱 하나의 존재만이 있다고 생각해라. 바로 희망이다. 희망 이외에 나를 도와 줄 사람은 아무도 없다. 내가 그 희망을 버리지 않는 한, 희망은 내 곁에 늘 있다. 연이은 사업의 실패에도 늘 희망을 놓지 않았던 나는 이제 노란 우산에서 그 희망과 동행하고 있다.

자, 스스로에게 질문해보아라. 나는 지금 세일즈와 희망동행을 하고 있는가? ☂

/02/ 세일즈맨은 교체가 되지 않는 일체형 휴대폰

내 휴대폰은 배터리 교체가 되지 않는 일체형이다. 여분의 배터리가 없기 때문에 방전이 되면 충전을 하기 전에는 사용할 수가 없다. 고객들과의 통화가 잦다 보니 늘 배터리는 부족하고, 혹시나 방전이 되어 버릴까 걱정을 하면서도 3년 정도 쓴 정든 휴대폰이라 바꾸기가 쉽지 않았다.

그러다 보니 액정에 배터리 잔량 50%미만이 뜨면 괜히 불안해져서 상시로 휴대폰을 충전하고는 했다. 교체형 휴대폰을 쓰는 사람들의 대부분이 아마 이런 부분을 번거롭고 불편하다고 여기지 않을까 싶다.

세일즈맨의 삶이란 하나의 배터리가 방전이 되면 다른 배터리로 갈아 끼울 수 있는 교체 형 휴대폰이 아닌 수시로 배터리를 신경 쓰고 충전해줘야 하는 일체형 휴대폰과 같다는 것을 기억해야 한다. 물론 세일즈도 배터리 교체 형 휴대폰처럼, 에너지와 자금이 고갈될 때 교체할 수만 있다면 얼마나 좋겠는가? 하지만 사실 이건 불가능한 이야기이다.

「아프니까 청춘이다.」의 저자 서울대 김난도 교수가

처음으로 제시한 '소진사회'라는 말을 들어보았는가? '소진사회'란 회사와 유흥가에서 밤을 지새우고 카페인 음료를 폭발적으로 소비하며 모든 것을 하얗게 불사르고 끝장을 보려는 한국사회의 모습을 의미한다. 김난도 교수는 이 같은 한국사회의 모습을 지적하며 '사회가 지속가능성을 고민해야 할 때'라고 말했다.

그렇다. 세일즈맨들은 바로 이 '지속가능성'을 염두해 두고 일을 해야 한다. 인생과 세일즈는 오늘 하루로 끝나는 것이 아니다. 오늘 모든 것을 소진해 버리고 나면 내일은 완전히 방전이 되어버려 교체할 배터리가 없다는 사실을 명심해야 한다. 심지어 세일즈맨 혼자만 방전되고 마는 것이 아니라 가족과 친구들, 도움을 준 주변의 모든 사람들까지 방전이 되어버려 사회문제로까지 커질 수 있다는 것을 알아야 한다.

우리는 수시로 배터리 잔량을 체크해야 한다. 맨 처음 세일즈를 할 때는 과부하가 걸릴 정도로 완전하게 충전이 되어 있는 상태다. 고객들과 열심히 통화하고, 문자를 보내고, 인터넷 검색하며 자료도 찾고……. 80%, 50%, 30%, 10%……. 배터리는 점점 닳고, 신경을 안 쓴 사이 결국 방전이 되어 버리고 만다. 그제야 부모님,

친구들을 찾아가 충전지를 찾아보지만 모두 사용 중이거나 없다고 한다.

'지속가능성'을 고민해야 할 때라고 말한 김난도 교수의 말을 가슴에 새겨야 한다. 오늘 하루의 세일즈로 인생의 흥망성쇠를 결정할 수는 없다. 우리에게는 오늘만 있는 것이 아니라 내일도 있고 모레도 있다. 우리 아이가 유치원도 가야하고 초등학교, 중학교, 고등학교, 대학교도 가야하며 결혼도 해야 한다. 지출은 지속적으로 늘어난다. 월급쟁이보다 나을 거라고 생각해서 시작한 세일즈맨이라면 더욱 더 긴장을 해야 한다. 근무시간을 스스로 늘리고, 지출은 더 줄여야 한다. 상사가 앞에 없어 눈치 보지 않고 자유와 휴식을 만끽하는 세일즈맨도 많이 보았다. 자신의 몸을 충전하기 위한 자유와 휴식은 필요하나 그 시간에 지출을 늘리며 오히려 에너지와 자금을 방전시켜버리는 것은 안 된다. 충분한 충전으로 방전되지 않을 '지속가능성'이 있어야 스티브잡스와 이건희 회장을 꿈꿀 수 있지 않겠는가!

모든 세일즈맨이 똑같은 충전량을 갖고 있는 것은 아니다. 초기 사업자금과 경력 등 각자의 역량에 따라서 충전량은 다를 수밖에 없다. 다만, 그 충전량을 본인이 어떻게 사용하는 가가 중요하다. 오늘 사용한 만큼 에너지와 자금을 충전하고 내일은 오늘 쌓은 경험과 지식으로 조금씩 충전량을 늘려 가면 된다.

지금으로부터 14년 전인 2000년에 나는 하루 판매 순수이익만으로 1400만원을 벌었다. 누군가에게 연봉에 해당하는 큰돈을 나는 하루 만에 번 것이다. 나는 들떠 있었고, 큰돈을 만지자마자 그 동안 소홀했던 주변 사람들을 떠올렸다. 몸이 편찮으신 어머니께 3백만 원이나 하는 건강매트리스를 사드렸고 가족들과 거하게 외식을 했다. 필요하지도 않고, 급하지도 않았던 비품과 집기들을 사들였고 만나는 사람들에게 자랑을 하며 밥을 샀다. 하지만 이 기쁨도 오래가지는 못했다. 큰돈을 벌게 해 주었던 상품은 시장에서 사라졌고, 나에게는 재고만이 남았다. 또 다시 큰돈을 벌 수 있을 거라는 착각에서 벗어나지 못해 한 동안 피폐한 삶을 살았었다.

나는 김난도 교수의 말처럼 '소진사회'를 맛 본 것이다. 이 같은 실수는 사실 나뿐 만이 아니다. 많은 신규 세일즈맨들도 하는 것인데, 특히 하루에 큰돈을 번 날에 과감한 지출로 큰 낭패를 보는 것을 많이 봤다. 마치 오늘 하루만 큰돈을 버는 것이 아니라 다음 날에도,

그 다음 달에도 큰돈을 벌 것처럼 지출을 해 버린다. 심지어 어떤 세일즈맨들은 1년 내내 이렇게 큰돈을 벌 수 있을 거라는 생각을 하기도 한다. 하지만 이렇게 큰돈을 벌 수 있는 날은 그리 많지 않다. 그러므로 잘 된 날에는 미리 충분히 충전을 해 둬야 한다. 항상 방전을 대비해야 하는 일체형 휴대폰처럼 말이다.

이제는 세계적인 톱 가수가 된 가수 '싸이'가 이런 말을 했다.

"지치면 지는 겁니다. 미치면 이기는 겁니다. 그리고 삼독해야 이루어집니다.

삼독이란 지독, 중독, 고독입니다. 지독하게 중독되어 고독한 길을 가다 보면 생각지도 않은 기회가 오게 됩니다."

너무나 멋진 말이다. 월드스타가 한 말이라서 그런지 더 멋지게 들린다. 그렇다. 지치면 지는 것이고 미치면 이기는 것이다. 지친다는 것을 방전되었다는 말로 바꿔보자. 미치는 것을 충전되었다는 말로 바꿔보자. (방전이 된 상태로 미칠 수는 없다. 그런 상태로 미친다면 병원에 가 봐야 할 일이니까.) 고독한 길을 가라는 말은 충전량을 수시로 체크하며 자신만의 길을 걸어가라는 말로 바꿔보자. 싸이의 입장에서 싸이의 말을 해석해 본다면 이렇다.

> 충전하자!
> 방전시키지 말자!
> 충전량을 수시로 체크하며 자신만의 길을 걷자!

이 세상에는 성공한 세일즈맨이 많지 않지만 더 문제는 잘 나가는 그들의 성공비법을 제대로 배우려는 세일즈맨이 없다는 거다. 그저 배 아파하고 자신의 태생적인 한계를 억울해하며 방전이 된 원인을 주변 탓으로 돌린다. 나는 성공한 사업자를 많이 만나보았다. (세금을 줄여주고 저축을 많이 하게 되는 내 상품에 가입한 고객들이니 당연히 성공한 사업자가 될 수밖에 없다.) 그들은 이미 성공을 해서 100%의 충전상태임에도 늘 자신을 충전하며 산다. 싸이의 말처럼 늘 새로운 충전에 미쳐있다. 책을 읽고, 공부를 하고, 성공한 사람들과 만나 정보를 교류한다. 쓸데없이 방전될 만한 일은 아예 하지 않는다. 있는 놈들이 더 한다며 욕하는 사람들은 이미 방전상태이다. 충전할 생각조차 없다. 반대로 성공한 사람들에게 배우려는 자세를 갖춘 사람들은 지금은 방전상태라도 곧 완전한 충전으로 방전시키지 않는 삶을 살게 될 것이다. 이 책을 읽으며 배우려는 여러분 모두가 충전이 잘 된 성공한 세일즈맨이 되기를 바란다.

/03/ 실적보다는 최선을 생각해라.

"실패는 고통스럽다.
그러나 최선을 다하지 못했음을 깨닫는 것은
몇 배 더 고통스럽다."

― 앤드류 매튜스

얼마만큼을 해야 '최선'을 다 했다고 말할 수 있을까? 만약 최선을 다 한 수치를 100이라고 설정한다면 나는 어떤 날은 100, 어떤 날은 0이었다. 일반적인 생각으로는 최선을 다 하지 못한 날에는 실적도 0이어야 하는데 그렇지 않은 때가 종종 있었다. 이 최선의 수치와 실적이 반드시 연결되지는 않는다는 건데 그렇다고 실적만을 생각하며 최선을 다하지 않는다면 언젠가 반드시 대가를 치르게 된다. 많은 세일즈맨들이 과정보다는 결과를 쫓아 살다가 뒤늦게 후회하는 것을 보았다. 기억해라. 비록 실적이 0이었던 날이라도 내가 최선을 100으로 했다면 그 최선의 하루가 몇 배의 보상을 안고 나타날 것이다. '달리는 말에 채찍질한다.' 라는 말처럼 현재 세일즈가 잘되고 있다고 해서 최선을 게을리 해서는 안된다. 세일즈가 잘되고 있는 지금이야말로 가장 최선을 다 할 때인 것이다.

'여러 갈림길 중
만약에 이 길이 내가 걸어가고 있는,
돌아서 갈 수밖에 없는 꼬부라진 길일지라도
딱딱해지는 발바닥 걸어 걸어 걸어가다 보면
저 넓은 꽃밭에 누워서 난 쉴 수 있겠지.
어느 날 그 모든 일들을 감사해 하겠지.'

– 강산애의 〈거꾸로 강을 거슬러 오르는 저 힘찬 연어들처럼〉

내가 좋아하는 노래의 한 소절이다. 만약, 내가 가고 있는 지금 이 길이 돌아서 갈 수 밖에 없는 꼬부라진 길이라고 해도 걸어 걸어 걸어가다 보면 꽃밭에 누워서 쉴 수 있다고 한다. 100세 시대인 지금, 100세가 될 때까지 최선을 다하라고 하는 것은 아니다. 열심히 걷고 걸어서 얼른 꽃밭으로 가 쉬어야 한다. 세일즈가 잘되고 있다면 바로 지금이 최선을 다해 걸을 때이다. 세일즈가 잘 안 되고 있다면 이 또한 최선을 다해 걸을 때이다. 오늘의 최선이 내일은 반드시 꽃밭으로 가는 길을 열어 줄 것이다.

아무도 알아줄 것 같지 않은 그 외롭고 힘든 길에도 최선을 다 한다면 그런 나를 알아 줄 사람들을 만나게 되는데 나는 그 사람들을 2008년, 전북지역본부 소속으로 일할 때 만났다. 비록 상담을 하지 못할지라도 늘 고객들에게 인사를 하러 다니며 실적보다는 최선을 생각하며 열심히 뛰어다니던 때였다. 그러다 현재 전라북도의 사회장으로 있는 김주형 원장님을 알게 되었다. 김주형 원장님은 나에게 노란 우산 제도에 대한 안내를 받고 확실하게 좋은 상품임을 확신한 후에 다른 원장님들과 함께 동시에 가입을 하셨다. 그리고 이렇게 좋은 제도를 다른 의사들에게도 소개해 줘야 한다며 며칠 뒤에 있는 의사회 간부모임에서 브리핑 해 보라는 제안을 하셨다.

나에게는 정말 더할 나위 없이 좋은 기회였다. 하지만 내가 해 본 브리핑이라고는 시장상인협회소속 사업자들 150명 앞에서 한 것이 전부였다. 비록 좋은 제도를 알리기 위해 초대받아 간 자리지만, 사회적 지위도 높고 머리도 똑똑한 의사들 앞에서 브리핑을 잘 할 수 있을까 하는 걱정에 나는 그 어느 때보다 더 열심히 준비를 했다.

브리핑 당일, 나는 약속한 시간보다 더 빨리 의사회가 예약해 둔 식당으로 갔다. 그런데 방에 들어간 순간 나는 당황할 수밖에 없었다. 단상 위에 손을 얹고 좌중을 압도하며 카리스마 넘치는 브리핑을 하는 나의 모습을 예상했는데 방의 구조가 생각과 달랐던 것이다. 좁은 방에 긴 테이블이 있었고 양쪽에서 마주보고 식사를 할 수 있게 되어있는 곳이었다. 어떻게 하면, 브리핑에 집중할 수 있게 할 수 있을까를 고민하며 갈피를 못 잡다가 어느덧 약속시간이 되었다. 한 분, 두 분 의사회 분들이 방으로 들어가시는데 정작 나를 이 자리에 초대한 김주형 원장님은 나타나지 않았다. 방으로 들어가지도 못하고 문 밖에서 원장님을 기다리며 떨리는 마음으로 연습한 것을 되뇌는데 음식이 나와 식사가 시작되었다. 안 그래도 브리핑하기에 좋지 않은 장소인데 식사까지 시작했으니 앞이 더 캄캄해졌다. 그렇게 시간이 더 흘러서야 김주형 원장님이 도착을 했다. 방에 들어가 보니 이미 음식은 절반 이상 비워진 상태였다.

"아! 이거 어떡하지 회의도 해야 하고 얼른 진료 보러 다들 가셔야 하는데…… 오늘은 그냥 식사만 같이 하고 다음에 다시 볼까?"

"예?"

순간적으로 놀라서 눈을 크게 뜨며 당황했지만 망설이지 않고 이내 대답했다.

"아니요, 원장님은 그냥 식사하시고요. 저는 여기 서서 짧게 안내하고 나가겠습니다. 저 안 보셔도 됩니다. 식사들 하시면서 귀만 열어놓으시면 됩니다."

"그럴까 그럼? 자 원장님들! 우리 세금을 줄일 수 있는 제도에 대해 짧게 안내 해준다고 하니까 식사 하시면서 들으시고 궁금한 거 있으면 따로 물어보세요."

"안녕하세요! 노란 우산 유준원입니다! 식사 맛있게 하시면서 귀만 열어놓으시면 됩니다!"

사실 그 날의 브리핑 내용은 여기까지만 기억이 난다. 배고플 때 자장면을 1분 안에 먹어 치우는 것처럼 그렇게 빨리 끝내버린 브리핑이었다. 하지만 분명한 건 하루에도 수십 번씩 고객들에게 설명했던 노란 우산 제도에 관한 간결하고 명확한 내용이 마치 습관처럼 내 입에서 흘러나왔을 것이라는 점이다. 머릿속이 혼란스러운 상황이었지만 자다가도 벌떡 일어나 설명할 수 있도록 최선을 다해 연습했기에 가능했던 일이다.

"제가 병원으로 찾아 뵐 거니까 가입은 그때 하시면 됩니다!"

나는 마지막 인사를 마치고 얼굴이 붉게 상기되었다.

"짝 짝 짝!"

여자 원장님 한 분이 자리에서 일어나 박수를 쳐주셨고 식사를 하라고 하셨다.

"우리 병원이 여기야!"

"언제 한 번 오세요!"

"점심시간에 찾아 오셔."

나는 연신 "예! 예!"대답을 하며 병원 이름을 메모하고 서둘러 빠져 나왔다. 그 날 참석했던 병원장들은 수일 내로 대부분 가입을 했고 다른 병원 원장들 소개도 해 주었다. 최선을 다 해서 걷다 보니 만나게 된 놀라운 날이었다.

김주형 원장님이 나에게 소중한 인연을 만나게 해 주

었다면 당시 전북 의사회 공보이사였던 누가 외과 이석재 원장님은 내 영업에 로켓을 달아준 분이었다. 잘되는 개인 병원들이 바쁘다지만, 누가 외과는 바빠도 너무 바빠서 방문을 해도 상담하기가 힘들었다. 병원을 찾은 환자들조차 대기하고 있는 많은 사람들을 보고는 뒤돌아 나가는 상황에 영업을 하는 것은 무리가 있어 보였다. 그래도 나는 그 근처를 지날 때면 늘 누가 외과에 들렀다. 항상 환자가 많았지만 진료실 문이 개방되어 있어서 갈 때마다 원장님께 인사는 드릴 수 있었다. 그렇게 목례만 드리기를 수차례, 드디어 나는 환자가 없는 시간에 원장님을 만나 상담을 할 수 있었다. 단번에 가입을 하겠다고는 하시지 않았지만 검토해보겠다는 말씀에 이후에도 나는 끊임없이 병원을 찾아가 인사를 드렸고 계약을 성사할 수 있었다.

원장님이 가입을 한 이후에도 나는 잊지 않고 몇 번 더 들러서 인사를 드리고는 했다. 그런데 하루는, 나더러 다리가 왜 그러냐고 물으셨다. 사실 나는 소아마비를 앓아서 다리 길이가 다른데 원장님이 그걸 알아챈 것이다. 원장님은 나더러 양말을 벗어보라고 했다. 원래 땀이 많은데다가 하루 종일 걸어 다니는 세일즈맨의 발이라 발 주인인 나도 그 냄새에 코를 찡그리는데 양말을 벗고 보여줘야 하다니! 원장님은 상관없다는 듯 발목을 살펴보시더니 미간을 찡그리며 양말을 다시 신으라고 하셨다.

"발 냄새 나시죠?……. 죄송합니다. 제가 땀이 많고 냄새가 좀……"

"아니! 그건 상관없고 나중에 관절에 무리가 올 것 같은데……. 지금 걷는데 아프거나 불편하거나 그러지는 않고?"

"예! 밤이 되면 저리기는 하는데…… 운동도 좋아하고 등산, 배드민턴을 자주합니다."

"음. 배드민턴은 안 하는 게 좋은데. 언제 시간 나면 여기 병원 한 번 가봐! 유명하니까! 그 다리로 앞으로 열심히 뛰어다니고 좋은 제도 사람들에게 많이 알려주려면 관리 잘 해야지."

남들보다 불편한 다리로 하루 종일 뛰어다니다 지독한 발 냄새까지 덤으로 갖게 된 내가 원장님 마음에 들었던 걸까? 그 진료 후에 원장님이 나를 위해 좋은 기회를 마련해 주셨다.

"회원들이 아직도 노란 우산제도를 많이 모르던데 의

사회 책자에 기사로 나가면 좋겠어."

"그렇게만 되면 너무 좋겠습니다. 전라북도 원장님들이 모두 알게 될 거고 바로 가입할 마음이 들 겁니다."

그 후, 일체의 광고를 싣지 않는 "전북의사21"계간지에는 예쁜 동화그림과 함께 노란 우산 공제에 관한 기사가 실렸다. 심지어 기사 하단에는 내 이름과 휴대폰 번호까지 실려 방문을 하지 않아도 연락이 먼저 와 놀라운 실적을 쌓을 수 있었다.

순전히 나를 위한 최선들이었지만, 그렇게 최선을 다하는 내 모습이 주변 사람들에게는 참 예뻐 보였던 것 같다. 실적에 연연하고, 실패에 좌절하기만 했다면 이런 결과들은 나오지 않았을 것이다. 최선을 다 했을 때, 최선의 결과가 나온다는 것을 반드시 명심하길 바란다. ☂

/04/ '포기'도 현명한 전략이 된다.

'Never give up!'

2차 세계대전이 끝난 후, 전쟁의 후유증으로 인해 절망에 빠져있는 영국 국민들에게 윈스턴 처칠은 "절대 포기하지 말라!"라고 말하며 힘을 북돋아주었다. 전쟁으로 인해 폐허가 된 나라에서 이제 살 길은 그저 포기하지 않는 것뿐이었다. 많은 사람들이 그의 말에 감동을 받고 다시 나라를 세우기 위해 일어났다.

'열 번 찍어 안 넘어가는 나무 없다'

한국인의 끈기를 보여주는 속담이다. 포기하지 않고 노력하면 안 되는 일이 없다는 뜻이다. 세상은 모두 사람들에게 포기하지 말라고 말한다. 포기하지 않고 기다리면 언젠가 그 목적이 달성될 것이라고 말이다. 나 역시 수 만 번의 거절에도 포기하지 않았기에 지금 이 자리에 서 있을 수 있었다. 하지만, 그렇다고 해서 무작정 포기하지 않는 것만이 능사일까? 난 아니라고 말하고 싶다. 무조건 포기만 하지 않아 성공할 수 있다면 이 세상에는 끈질긴 집념으로 성공해 낼 사람들이 수도 없이 많다. 상황판단을 하지 못하고 끝까지 포기하지 않았다가 자신은 물론이고 주변 사람들까지 힘들게 할 수 있다는 것을 알아야 한다. 시대는 바뀌었고, 상황은 그때그때마다 빠르게 돌아간다. 과감하게 포기해야 할 때는 포기해야 한다. '포기' 역시 현명한 전략이기 때문이다.

대전에 사는 사람이 서울에 가려고 기차를 탔다고 가정해보자. 그런데 3시간을 자고 일어나 보니, 기차가 서울이 아닌 여수로 가고 있었다. 서울 행 기차가 아닌 것을 알게 된 이 사람은, 바로 다음 역에서 내려야 한다. 지금 탄 기차가 서울로 다시 돌아가지 않을까 하는 안일한 생각으로 앉아 있으면 안 된다. 이게 아니다 싶으면 얼른 내려서 반대편으로 건너가 방향을 바꿔야 한다. 왔던 만큼 손해라고 생각하며 지금 가고 있는 길을 포기하지 않고 계속 고집하다가는 결국 목적지를 잃어버리고 말 것이다.

나 역시 손해를 볼 생각으로 과감하게 판매를 포기한 경험이 있다. 노란 우산 공제를 하기 전에는 자주 상품을 바꿔가며 영업을 했었다. 그러다 보니, 주변에서는 내가 노란 우산 일을 오래 하고 있다는 것만으로도 괜찮은 상품인가보다 하고 여겼었다. 나는 이진까지 꽤나 많은 돈을 들여놓고도 안 되겠다 싶으면 바로 털어버리고 새로운 영업을 구상하는 사람이었다. 그 때마다 사람들은 끈기도 없고, 포기가 빠른 사람이라며 나를 질책했다. 하지만 나는 영업하고 있는 상품에 자신이 없고, 이 영업을 끝까지 밀고 나갈 확신이 없다면 거기서 과감하게 포기해야 하는 게 맞는 거라고 생각했다.

1997년 3월, 나는 4가지 색상의 어린이용 선글라스를 판매했다. 귀엽고 깜찍한 디자인에 헤드셋 마이크 모양의 호루라기가 달려있는 특허 받은 선글라스였다. 나는 호남권 독점판매권까지 따내서 선글라스 만 개를 구매했다. 원가가 2천 원짜리였으니 2천만 원을 투자하고 시작한 것이다. 그 당시 나는 백화점과 대형슈퍼에 판매망을 갖고 있었고, 어린이날도 얼마 남지 않은 시점이라 자신에 차 있었다.

어린이용 선글라스를 팔면서 어른 것도 함께 묶어 팔 생각으로 2백만 원어치 성인용 선글라스도 사와 판매를 시작했다. 백화점 입구에 서서 직원들과 함께 선글라스를 끼고 호루라기를 불며 판매를 했다. 재미있게 생긴 선글라스 모양에 백화점 직원들도 구매를 해 갔다. 하지만 예상 밖으로, 어린이용 선글라스는 첫 날 겨우 20개가 팔렸다. 성인용 선글라스에 비하면 판매실적이 너무 저조했다. 어린이날 대목을 기대했건만, 어린이날이 되기 하루 전까지도 호루라기선글라스는 물량이 거의 그대로 남아있었다.

드디어 어린이날, 나는 오늘 하루에 이 어린이용 선글라스를 다 팔아버릴 심산으로 전주동물원으로 향했다. 새벽 다섯 시에 동물원 입구에 선글라스 진열대를 늘어놓고 판매준비를 했다. 선글라스를 끼고 사람들의 이목을 끌기 위해 계속해서 호루라기를 불어댔다. 어린이날이라 그런지 부모들은 아이가 사달라고 하면 별 말없이 선글라스를 사주었다. 그런데 오전 10시쯤, 문제가 생겼다.

선글라스를 사달라고 조르는 한 아이가 있었는데 그 엄마가,

"저런 거 쓰면 눈 나빠져. 이따가 더 예쁘고 안전할 걸로 사 줄게."라고 하는 것이 아닌가?

'아! 맞아! 그럴 수 있겠구나.'

나는 그 때부터 도저히 판매를 할 수가 없었다. 나 역시 조카들이 여럿이고 이제 돌 지난 아이가 있었다. 깨닫지 못했다면 몰라도 구입가격 2천원 밖에 안 되는 안경을 아이들에게 팔고 있다니! 어린이들이 써야 하는 안경인데 내가 너무 나의 이익만 생각했던 거다. 나는 진열대를 철수하고 서둘러 그곳을 빠져 나왔다. 두 달 전에는 대박을 꿈꾸며 잠을 못 잤는데 그 날 밤은 내가 너무 한심해서 잠을 못 잤다. 다음 날, 선글라스를 천원백화점에 700원에 넘겼고, 나는 1,500만원의 손해를 떠안아야 했다. 내가 팔려고 했던 상품은 결국 아이들에게는 신기하고 재미있는 물건이었지만, 부모들에게는 우리 아

이의 눈을 해칠 수 있는 물건이었다. 손해를 보지 않으려고 그 선글라스를 끝까지 팔았더라면, 나는 내 일에 대한 부끄러움과 고객에 대한 미안함을 안고 살아야 했을 것이다. 그리고 이 같은 마음으로는 영업을 끝까지 제대로 해내지 못했을 게 뻔하다. 그래서 당장에 손해를 보더라도 바로 포기한 것이다.

기억해라. 아무리 돈을 벌자고 하는 일이라지만 나를 보고 물건을 사 가는 사람들에게 피해를 줘서는 안 된다. 내가 팔고자 선택한 상품에 자신이 없어서도 안 된다. 그리고 무엇보다 그 상품과 내가 잘 맞아서 끝까지 이 영업을 하겠다는 확신이 있어야 한다. 선글라스를 파는 일도 나는 어린이날 하루에 초점을 맞추고 한 것이었다. 선글라스가 좋은 상품이었다고 해도 어린이날이라는 특수대목이 지난 후에 내가 이 일을 계속했을 거라고 확신할 수 없다. 그랬기에 나는 손해를 보고서라도 과감하게 포기하고 다른 사업을 구상한 것이다. 포기하는 것이 약해 보이지만 그렇지 않다. 포기는 곧 새로운 도전의 시작이다. 어떤 이유든지 잘못 선택했다고 생각되면 깨끗하게 포기할 줄 알아야 한다. 포기해야 할 때는 포기할 줄 알아야 성공할 수 있다.

/05/ 공룡과의 싸움을 피하지 마라.

영업을 하다보면 때로는 공룡 같은 거대한 조직과 싸워야 할 때가 있는데, 내가 만났던 공룡은 바로 '은행'이었다.

2011년 7월 1일부터는 하나은행에서도 노란 우산 공제를 직접 판매할 수 있게 되었다. 중소기업중앙회와 업무협약을 맺어 은행창구에서도 가입이 가능해 진 것이다. 공정한 판매채널이었고 주최측의 입장에서는 새로운 살 길 하나를 찾아낸 것이니 불합리하다고 말할 수도 없었다. 하지만 그렇다고 해서 은행에 내 고객들을 그대로 뺏기고 있을 수는 없었다.

나는 우선, 하나은행이 없는 군 단위의 미을과 소도시를 공략했다. 신문 광고지를 가지고 다니며 하나은행에서도 판매하는 공신력 있는 상품이라고 소개했다. 은행에서도 계약을 할 수 있다는 불리한 상황을 역이용한 것이다. 하지만 조직의 힘은 컸다. 하나은행에서 하루만에 4천 건의 계약이라는 놀라운 성과를 낸 것이다. 상황이 이렇다보니 고객과 계약하는 일은 점점 힘들어져갔고 실적은 떨어져만 갔다.

그리고 얼마 후, 나는 광주에 있는 한 사장님과 계약을 하고 다른 사업장을 방문하기 위해 이동하고 있었다. 그런데 그 사장님으로부터 전화가 걸려왔다.

"제 서류 접수하지 말고 그냥 폐기해 주세요. 아저씨가 누군지도 모르겠고요, 그냥 하나은행에서 가입하려고요."

순간 머릿속이 하얘졌다. 은행에서 가입하는 건 고객의 마음이지만 그래도 나에게 가입한 걸 취소하고 은행으로 가겠다니! 은행이 내 계약을 빼앗아 간 건 아니었지만, 그래도 마치 뺏기는 기분이 들었다. 이대로 뺏길 수는 없었다. 앞으로 이런 일이 또 생기지 말라는 법은 없으니 최선을 다 해 막아야 했다.

"사장님, 하나은행에 가서 가입하셔도 혜택은 똑같습니다. 그런데 은행창구 직원은 몇 년 사이에 발령 나 다른 곳으로 가지만 저는 최하 50년 사장님 곁에서 관리해 드릴 겁니다. 무엇보다 노란우산업무에 대해서는 은행직원보다 제가 전문가에요. 중소기업중앙회에서 정식으로 위촉된 노란우산공식상담사이니까 저 믿고 계약하세요." "우리 세무사무실이 그냥 하나은행가서 하라고 해서 그러는 거 에요."

보통의 사업자들에게 세무사무실은 돈과 세금에 관해서는 절대적인 신뢰를 주는 곳이었다. 그런 사무실에서 은행에 가 계약을 하라고 했으니 사장님의 마음을 돌리는 일이 쉽지 않아 보였다.

"세무사무실은 노란우산상담사가 이렇게 직접 방문하여 안내해 준다는 사실을 몰라서 그러는 걸 거 에요. 이 노란 우산은 우리 중앙회가 주최하는 거고, 하나은행은 위탁을 맡아 하는 겁니다. 이왕 가입하실 거면 주최하는 쪽에 가입하세요."

"그냥 우리 세무사가 시키는 대로 할게요."

"사장님! 그러면요. 제가 세무사무실에 전화해보겠습니다. 그 쪽에 충분히 설명해드리고 난 뒤에도 사무실에서 하나은행에 가라고 하시면 그 때 은행에서 가입하세요. 세무사무실 전화 번호 좀 알려주시겠어요?"

통화가 끝난 후, 나는 고객이 알려 준 세무사무실로 바로 연락을 했다.

"안녕하세요. 저는 중소기업중앙회에서 노란 우산을 담당하는 유준원이라고 합니다. 방금 OO업체 사장님과 통화를 했는데요, 세무사무실에서 노란 우산을 하나은행에 가입하라고 하셨다고 해서요. 노란 우산 주체는 중소기업중앙회이고, 하나은행과는 업무 협약을 맺은 거로써……"

얼굴도 모르는 사람과 통화하면서 과연 내 말을 들어줄까 하는 걱정도 들었지만 최대한 차분하고 정확하게 설명을 해 나갔다.

"그 사장님이 누군지 잘 모르는 사람하고 계약했다고 해서 그러면 그냥 은행에 가서 하라고 했죠. 가입이야 아무데서나 해도 상관은 없죠."

"그럼 사무장님! 사장님께 받은 서류를 제가 중앙회에 접수해도 괜찮으시겠어요?"

"예, 그렇게 하세요."

나는 기쁜 마음에 바로 그 사장님께 전화를 드렸고 계약을 하기로 했다. 은행과의 싸움에서 1승을 거두게 해 준 회계사 사무장님께 감사한 마음이 들어 나는 그곳을 찾아가서 인사드리기로 했다. 사무장님은 그럴 필요 없다고 거절했지만 나는 작은 케이크를 사들고 사무실을 방문했다. 사무장님과 여직원 넷이서 근무하는 작은 사무실에서 나는 큰 소리로 노란 우산에 대해 소개하고 명함을 돌렸다. 세금 많이 내는 사업자들에게 좋은 제도이니 소개 좀 해달라고 하면서, 안 친한 사업자

대표들은 소개 안 해줘도 된다고 덧붙이니 다들 웃었다.

그 때 만난 분이 바로 조재민회계사무실의 김점숙 사무장이다. 사무장은 그 뒤로 나와 연락을 하고 지내며 지속적으로 사업체들을 소개해 주었다. 이 사무장님께 소개받은 사업체만 백 군데가 넘었다. 나는 김점숙 사무장에게 고객들 소개만 받은 것이 아니라 영업의 마인드까지 한 수 배웠다. 정확한 일처리와 인간적인 교류로 거래하는 업체들에게 절대 믿음을 심어주는 것은 내가 앞으로도 이 분께 배워나가야 할 부분이다. 만약 내가 이 날, 공룡과의 싸움을 피했다면 결코 이런 성과는 이룰 수 없었을 것이다.

2012년 10월부터는 하나은행뿐만 아니라 국민은행에서도 노란 우산을 가입할 수 있게 되었다. 노란우산은 폭발적인 가입률을 보였고, 조성기금도 조 단위를 넘어갔다. 동료들 대부분이 은행과의 싸움을 이겨내지 못하고 그만두었다. 하지만 나는 은행과 맞서 싸우고 있는 중이다. 내 편에 서서 나를 지원해주는 고객들이 있기에 가능한 일이다. 또한 은행이 가질 수 없는 아주 큰 장점이 나에게 있기에 가능한 일이기도 하다. 나는 앞으로도 계속해서 노란 우산 일을 할 것이다. 나한테 가입하면 2037년까지는 내가 관리한다고 고객들에게 약속을 한다. 내 나이 70세가 되는 해이다. 나의 이런 마음가짐을 은행과 비교할 수 없을 것이다.

어떤 공룡을 만나도 미리 겁먹지 말자. 분명히 당신만이 내밀 수 있는 비장의 카드가 있을 것이다. 그 카드가 어떤 것인지 알고 적절한 시기에 내밀 수 있다면 당신은 이미 그 싸움에서 승리자이다.

/06/ 바람직한 역경

'폭격을 당하거나 고아가 되는 일도 경험이 되고 기회가 될 수 있다.'

「1만 시간의 법칙」, 「티핑포인트」, 「블링크」 등 새로운 경제학 용어를 만든 말콤 글래드웰이 그의 책 「다윗과 골리앗」(부제: 강자를 이기는 약자의 기술)에서 한 말이다. 상상하기 싫은 끔찍한 위기도 다윗의 기회로 만들 수 있다는 것이다. 그는 이것을 고난이 역설적으로 좋은 효과를 낳는 '바람직한 역경'이라고 했다.

세일즈맨에게 가장 큰 역경은 바로 고객의 거절일 것이

다. 고객의 거절이 반복될수록 세일즈맨의 고난은 커져 간다. 하지만 반대로 생각해 보자. 어떤 고객이 초대하지도 않은 영업사원이 찾아와 자신의 시간을 방해하는데 반길 수 있겠는가? 오히려 고객의 입장에서는 자신의 사업장에 방문한 세일즈맨을 거절하는 것이 역경일 수 있다. 반복되는 고객의 거절로 상처받고 자존심에 금이 간 세일즈맨의 역경은 어떻게 경험이 되고 기회가 될 수 있을까? 세일즈맨의 역경이 바람직해지기 위해서는 어떻게 해야 할까?

방법은 딱 하나 밖에 없다. 그 고난을 온 몸으로 맞으며 극복해야 한다. 극복하지 않고 다른 방법이 있는가? 우리가 아는 위인들도 모두 삶의 고난을 극복하여 바람직한 역경을 만들어냈다. 아래에 실린 글은 매 주 토요일 아침 6시 40분에 독서클럽이 열리는 데 그곳에서 한 사장님이 낭송해 준 것이다.

집안이 나쁘다고 탓하지 말라
나는 아홉 살 때 아버지를 잃고 마을에서 쫓겨났다.
가난하다고 말하지 말라
나는 들쥐를 잡아먹으며 연명했고

목숨을 건 전쟁이 내 직업이고 내 일이었다.
작은 나라에서 태어났다고 말하지 말라
그림자 말고는 친구도 없고, 병사로만 10만,
백성은 어린애 노인까지 합쳐 2백만도 되질 않았다.
배울 게 없다고 힘이 없다고 탓하지 마라
나는 내 이름도 쓸 줄 몰랐으나 남의 말에 귀 기울이면서
현명해지는 법을 배웠다.
너무 막막하다고 그래서 포기해야겠다고 말하지 말라
나는 목에 칼을 쓰고도 탈출했고
뺨에 화살을 맞고 죽었다 살아나기도 했다.
적은 밖에 있는 것이 아니라 내 안에 있었다.
나는 내게 거추장스러운 것은 깡그리 쓸어버렸다.
나를 극복하는 순간, 나는 징기스칸이 되었다.

일본의 마쓰시다그룹의 총수인 마쓰시다 고노스케 역시 자신의 고난을 역 이용하여 지금의 성공을 거두었다.

첫째, 나는 가난 속에서 태어났기 때문에
      부지런히 일하지 않고서는
      잘 살 수 없다는 진리를 깨달았다.

둘째, 약하게 태어난 덕분에 건강의 소중함도
　　　일찍이 깨달아 몸을 아끼고 건강에 힘써
　　　지금 90살이 넘었어도 30대의 건강으로
　　　겨울철 냉수마찰을 한다.
셋째, 초등학교 4학년을 중퇴했기 때문에
　　　항상 이 세상 모든 사람을 나의 스승으로 받들어
　　　배우는데 노력하여 많은 지식과 상식을 얻었다.
　　　이러한 불행과 환경이 나를 이만큼 성장 시켜주기
　　　위해 하늘이 준 시련이라 생각되어 감사하고 있다.

현재까지도 전 세계 어린이들의 마음을 울리는 동화작가 안데르센 역시 마찬가지이다.

'생각해보니 나의 역경은 정말 축복이었다.
가난했기에 「성냥팔이 소녀」를 쓸 수 있었고,
못 생겼다고 놀림 받았기에 「미운 오리 새끼」를 쓸 수 있었다.'

세계적인 위인들이니 저렇게 할 수 있다고 말하지는 말아라. 바로 옆에서 함께 일하고 있는 동료가 1등 실적을 올리고 있다. 그 동료도 당신과 같은 조건과 환경에서 일하고 있다. 당신이 당한 그 고난을 동료 역시 당했을 것이다. 세일즈를 하면서 세계 1등을 하겠다는 목표는 세우지 말라. 당신이 속해있는 팀에서 1등을 해 보고 그 자신감으로 회사 1등에 도전해라.

고객의 반복되는 거절은 곧 바람직한 역경이다. 훌륭한 세일즈맨으로 성장하는데 최고의 역경이고 반드시 뚫고 지나가야만 하는 과정이다. 동료들보다 더 많은 거절을 당하고 있는가? 당신은 그 만큼 많은 기회를 만나고 있는 것이다. 고객이 거절할 때마다 마음에 새겨라.

'나는 오늘도 바람직한 역경과 만났다. 나는 오늘도 경험을 쌓고 실력을 늘렸다!'

/07/ 고객의 거절은 곧 밥이고 물이다.

고객들의 거절은 세일즈맨에게 있어서 곧 밥이고 물이다. 하루 세끼의 밥을 챙겨 먹듯이 하루에 세 번 거절을 받아봐라. 인간의 몸에 꼭 필요한 수분을 보충하기 위해 물을 마시듯 그렇게 거절을 당해봐라. 밥과 물을 적당히 공급해줘야 사람의 몸이 건강해지듯이 고객의 거절은 세일즈맨을 더 강하게 만들어준다. 밥을 먹고 물을 마시지 않으면 사람이 견딜 수 없는 것처럼 고객의 거절을 당해보지 않은 세일즈맨은 세일즈를 제대로 할 수 없다. 여기 거절을 당해 본 경험이 없어 제대로 세일즈를 시작조차 못 해 본 사람이 있다.

  2008년 가을의 어느 날의 일이다.

  부산의 한 은행에서 근무하다가 명예퇴직을 하게 된 부점장이 나에게 전화를 걸었다. 당시 나는 부산에서 영업활동을 많이 했었기 때문에 051 지역번호가 뜬 것을 보고 당연히 고객일 거라는 생각에 반갑게 전화를 받았다.

  "안녕하세요! 노란 우산입니다."

<small>(노란우산공제 일을 하던 2007년 9월부터 2013년 12월까지는 어떤 전화가 걸려오건 이렇게 받고는 했었다.)</small>

  "저기……. 부산지역본부에서 소개받고 전화 드렸는데……."

  그는 부산사투리를 걸쭉하게 쓰며 자기소개를 했다. 현재 은행의 부점장으로 있지만 이제 퇴직을 앞두고 있어서 이 일, 저 일 알아보다가 노란우산공제를 알게 되었는데 노하우를 좀 배우고 싶어 전화를 했다는 것이다.

당시 나는 매 달마다 30건, 40건, 60건까지 실적을 올리며 꽤 높은 소득을 벌고 있던 때였다. 사람들은 모두 내 과거가 어쨌든 현재의 성공한 모습만 보며 나에게서 세일즈의 기술을 배워가려고 했었다. 그 때 내 수입이 20년 차 은행 부점장보다도 많았을 때니까 많은 사람들이 이 일을 시작만 하면 꽤 안정적인 수입이 보장될 거라고 생각했던 것이다. 5개월 간 단 한 건의 계약만 체결했던 긴 거절의 시간들이 있었기에 가능한 일이었건만 이에 대해서는 생각조차 않는 것이었다.

　그 은행 부점장 이전에도 나는 이미 이런 전화를 여러 번 받았었다. 서울과 경기도 뿐 아니라 전국 각지에서 나에게 노하우를 알려달라며 찾아오기도 했다. 하지만 그 사람들 대부분이 너무나 빠르게 포기해버려 크게 실망을 한 터라 이제는 이런 부탁이 귀찮게 여겨질 때였다. 먼 거리도 마다하지 않고 열정적으로 배우겠다고 찾아온 사람들을 보니 나 역시 신이 나서 정성스럽게 알려줬건만 한 달도 안 되어 포기해 버리니 힘이 빠지는 것이었다. 그 사람들이나 나나 서로 괜히 시간만 낭비하는 것 같아 아예 만나는 것 자체를 자제하고 있던 참이었다.

　그 부점장 역시 그간 만났던 사람들의 사연과 별반

다르지 않았다. 그간 은행에서 금융권 일도 해봤고 부산이 고향이라 아는 사람이 많으니 판매에는 자신이 있다는 것이었다. 다만 어떻게 시작해야 할 지 몰라서 고민하고 있다가 부산지역본부에서 나를 소개해 줘 전화를 했다는 것이다. 당장 만나고 싶다는 말에 나는 우선 조건을 제시했다. 예상구매고객 선정과 방법을 간략하게 알려 줄 테니 노란우산공제 안내문 20장을 모르는 곳에 가서 나눠주고 그 다음에는 100장을 돌린 후에 다시 연락을 달라고 했다. 그 부점장은 그 날 하루에만 몇 번씩 전화를 하더니만 이틀 동안 연락이 없었다. 그리고 전화가 왔다.

"죄송한대예. 지는 못하겠심더."

"몇 장이나 돌려보셨어요?"

"..........두 장 돌려봤심더."

"예. 그러셨군요. 쉽지 않으시죠? 사실 저를 만나서 일을 배운다고 해도 그게 전부입니다. 제가 하는 일은 사람들 찾아가 안내문 돌리는 게 전부거든요. 부점장님은 금융에 대해 저보다 박사시고 부산에 연고도 있으시니까 다른 잘할 수 있는 일을 찾아보시는 게 좋을 것 같네요."

이렇게 그 부점장과는 연락이 끊겼다. 내가 내 노하우를 알려주고 싶지 않아서 그에게 이렇게 말했던 것은 절대 아니다. 정말로 내가 하는 일이라고는 안내문을 들고 사업장을 방문해서 "이렇게 유익한 제도가 새로 생겼으니 알아보시고 가입하세요."라는 인사가 전부였다. 이걸 끊임없이 반복하는 것이 내 일이었다. 그런데 대부분의 사람들이 이걸 못한다. 그 부점장도 마찬가지이다. 그는 은행에서 두 번째로 높은 자리에 앉아있던 사람이였다. 자신이 고객을 찾아가야 할 필요도 없고 찾아온 고객들에게 굽실거릴 필요도 없는 위치였을 것이다. 그런데 이제는 자신이 직접 발로 뛰어다니며 고객들에게 고개를 숙여야 하니 차마 할 수 없었던 것이다.

고생을 겪어보지 않고 그저 매일 진수성찬의 상만 받던 사람들에게 갑자기 밥 한 그릇과 물 한잔만 주며 당분간 고생 좀 하라고 하면 그걸 얼마나 버텨낼 수 있을까? 실패를 겪어보지 않고 탄탄대로만 걸어온 사람은 훗날 후배들에게 해 줄 수 있는 말이 없다. 그들의 아픔이나 시련을 공감하지 못하기 때문이다.

지금 혹시 고객의 수많은 거절과 냉대로 인해 세일즈의 길을 포기하려고 하는가? 조금만 더 기다려봐라. 비록 밥 한 그릇과 물 한잔의 소박한 식사라도 이 또한 당신의 살이 되고 피가 되는 것처럼 고객들의 거절은 당신을 성공하는 세일즈맨으로 만드는 힘의 원천이 될 것이다. 그러니 이제부터 고객의 거절은 곧 나의 밥이 될 것이고 물이 될 것이라고 생각해라. 그리고 감사하게 맛있게 받아들이면 된다. ☂

/08/ 신념이 세일즈의 전부다.

- 강한 신념은 거절도 기억나지 않게 한다.

당신의 배가 암초에 부딪혀
바위가 많은 바닷가 물결 속으로 휩쓸려 들어간다고 하자.
그때, 이제는 끝이라고 생각한다면 정말로 끝이다.
그러나 그때 갑자기
'나는 산다. 어떻게든 이 난관을 뚫고 나갈 수 있다.'는
적극적인 용기가 솟았다고 하자.
그러면 당신은 살아나게 된다.
그 느낌은 곧 신념으로 바뀌고,

그 신념과 함께 어디선지 당신을 구하는 힘이 나오게 된다.
신념에서 나오는 용기는 마음을 강하고 담대하게 한다.
그렇다고 해서 두려움을 전혀 모르는 것은 아니다.
두려움을 알지만 적극적인 용기를 가지고
앞으로 전진 해 가는 것이 신념이다.
신념은 오기나 객기와는 다르다.
신념은 신뢰와 용기를 기반으로 한 확신이다!

– 클로드 브리스톨 [신념의 마력] 中

'어떤 사상이나 생각을 굳게 믿으며 그것을 실현하려는 의지'

신념의 사전적 정의이다. 세일즈에 임할 때의 나의 신념은 늘 확고했다. 실적이 없을 때에도, 모두에게 인정받지 못할 때에도 나는 신념을 꺾지 않았다. 늘 큰소리를 치고 다니며 자신감을 보였다. 말만 앞세우는 사람처럼 보였겠지만 이게 바로 내 스타일이다. 우선 말을 뱉고 그 말에 책임을 지려고 최대한 노력했다.

노란우산공제에 대한 내 신념은, 암초에 부딪혀 급물살에 휩쓸린 상태에서 일어났다. 영업자라면 누구나 두 손 들고 환영할 상품이라고 생각하며 뛰어든 그 잔잔

한 물결 속에는 사실 끝없는 거절의 암초가 숨겨져 있었다. 수도 없는 거절의 암초에 지쳐 그냥 이대로 포기할까 하는 생각도 들었다. 하지만 이렇게 뒤로 물러선다고 해서 또 다른 어떤 길이 보이는 것은 아니었다. 이미 수도 없이 사업의 실패를 겪어보지 않았던가. 뒤로 돌아선다고 해도 그곳엔 어둠의 골짜기 뿐 이었다. 잠시나마 편안해질 수는 있어도 저 암초들 너머의 아름다운 섬으로는 결코 갈 수 없을 것이라는 생각이 나를 계속 앞으로 가게 했다. 처음에 내가 노란우산공제를 알았을 때 받은 그 신념은 결코 헛된 것이 아니라는 내 스스로의 최면은 또 다른 신념을 낳았고 그렇게 앞만 보고 5개월을 전진해 나갔다. 그 시간동안 나는 수많은 거절의 암초에 부딪혔고 차츰 익숙해져갔다. 어떻게 하면 조금 덜 아프게 거절을 극복할 수 있는지, 어떻게 하면 이 거절을 피할 수 있는 지 생각하게 되었고 그 방법을 찾게 되었다.

'정말 이 길을 뚫고 나가면 그곳에 뭔가 있을까?'

주변의 회의적인 시각은 나를 점점 더 힘들게 했다. 나를 생각해서 제안 해 준 또 다른 길은 나를 오히려 더 혼란에 빠트리게 했다. 하지만 이 거절의 암초들 너머에 있을 성공이라는 아름다운 섬의 모래조차 밟아보지 못

했는데 여기서 포기할 수는 없었다. 이 수 많은 실패 뒤에 반드시 성공이 있을 거기에 나는 그저 앞으로 전진만 하면 된다는 의지가 바로 곧 신념이었고, 이 신념이 있었기에 나는 그 시간들을 버텨낼 수 있었다. 그리고 나는 6개월이 되어서야 비로소 그 아름다운 섬을 밟아볼 수 있었다.

힘든 시절을 보내고 성공한 사람들 대부분은 이런 말을 한다.

"그때는 고생 많았지, 지금은 아무것도 아니야!"

"그래도 가끔은 그 고생하던 시절이 그리워!

그 고생을 했기에 지금이 있는 것이고, 그래서 이제는 작은 고생 쯤 고생으로 여겨지지도 않고, 가끔은 그 고생이 추억이 되어 그립기까지 한다고 말한다. 이 성공한 사람들이라고 해서 어떤 기적 같은 일이 일어나 고생을 뛰어넘었겠는가? 아니다. 고생을 딛고 일어나 성공을 이룬 사람들의 공통점은 바로 신념을 버리지 않았다는 것이다.

그저 막연하게 잘 될 것이라고 생각하지 말고 구체적으로 머릿속에 내가 도달하게 될 성공이라는 아름다운 섬을 그려라. 그리고 반복적으로 눈으로 확인해라. 성공한 세일즈맨의 모습을 내 눈에 담고 이를 머리에 각인시켜라. 그러다보면 아무리 거절당하고 실패하더라도 내 눈과 머리에 담긴 성공의 순간을 포기할 수 없게 된다.

'이러다 안 될 수도 있고, 고생 끝에 결국 골병만 들 것이다.'라는 생각은 결국 당신의 신념을 갉아먹을 것이고 이 생각은 곧 현실이 될 것이다. 반드시 잘된다는 확신이 있어야만 하는 것이다.

다음은 세일즈맨들이 마음에 꼭 새기면 좋을 내용이라 소개한다. 제임스 알렌의 「생각하는 인간」에 실린 글이다.

'인간은 비록 무력하고 버림받은 상태에 있다 하더라도
자신을 반성해보고 또 존재의 가치를 추구함으로써
다시 현명한 주인이 될 수 있다.'

당신은 당신이 의도하는 대로 되리라.
실패하는 자는
제 생각이 잘못된 줄은 모르고 '환경'만 탓하네.
그러나 영혼은 그를 꾸짖으며, 또한 자유롭네.

영혼은 시간을 지배하고 공간을 정복하네.

그것은 우연이라는 허풍장이 사기꾼을 위협하며

환경이라는 폭군의 왕관을 벗기고

그를 하인의 자리에 몰아낸다네.

인간의 의지, 그 보이지 않는 힘은,

죽음이 없는 영혼의 자식

비록 화강암의 벽이 가로막혔다 해도

그것이 있으면 어떠한 목표에도 이를 수 있다네.

늦는다고 초조해하지 말고 ,

이해와 함께 기다려라.

영혼이 일어서 명령할 때면

신들도 기꺼이 그에 따르리라.

- 제임스 알렌

이 글처럼 실패한 많은 사람들은 다른 사람 탓을 하며 살고 있다. 부모 탓 하고 세상 탓 하면서 정작 내 탓은 없는 것처럼 그렇게 웃기게 산다. 남들이 보기에는 무조건 본인 탓인데, 정작 나 자신만 내 탓을 하지 않은 것이다.

수천, 수만 명의 사업자를 만나고 상담하면서 깨달은 게 있다. 성공한 사람들은 잘될 거라는 신념이 확고하고 결코 남 탓을 하지 않는다는 것이다. 인간의 의지, 그 보이지 않는 힘으로 기어이 목표에 도달한 것이다. 늦는다고 초조해하지 않고 남 탓 할 시간에 해결책을 찾았다. 그리고 해결책을 찾는 과정에서 경쟁력을 갖추고 인정받아 성공자의 반열에 서게 된 것이다.

따지고 보면 성공한 사람에게 대단한 노하우가 있는 것은 아니다. 나는 잘 될 것이라는 신념 하나 가지고 뛰는 것이다. 신념은 마력이라고 했는데 알고 보면 마력도 아니다. 신념은 당연한 결과를 가져오는 공식일 뿐이다.

지금, 세일즈를 준비하고 있는가? 자금과 경험을 준비하기 전에 신념부터 준비해라. 신념이 없다면, 세일즈를 지속할 이유도 없는 것이다. 내 마음과 머리부터 확고히 잡고 있어야 그 어떤 것에도 흔들리지 않을 수 있다. 당신을 흔들만한 요소는 세상 도처에 깔려 있다. 당신을 거절할 고객들도 세상 도처에 깔려 있다. 하지만 신념만은 포기하지 않고 키워간다면 당신은 세일즈를 계속할 이유가 충분하다. ☂

"기회는 바로 지금
당신이 있는 장소,
당신이 지금 쓰고 있는
시간에 있다."

Part.2

이것이 답이다. 세일즈 정석!

/part 02/

이것이 답이다.
세일즈 정석!

기회는 바로 지금 당신이 있는 장소,
당신이 지금 쓰고 있는 시간에 있다.

/01/ 내 친구 카카오 톡과 문자 메시지

 4325명의 전화번호와 1629명의 카카오 톡 친구. 요즘은 거의가 스마트폰이라지만 아직도 2G폰을 쓰는 사람들이 많아서 카카오 톡 친구 수가 더 적다. 영업을 하다보면 문자와 카카오 톡으로도 문의가 많이 온다. 특별한 일이 없는 이상 반드시 5분 내로 답장을 해 준다. 상대방이 먼저 연락을 해오지 않아도 나는 여러 가지 꺼리를 찾아서 연락을 한다. 친하지 않은데 보내는 상업성, 광고성 문자는 모두가 싫어하므로 신경을 많이 써서 보낸다. 만난 지 얼마 안 되었어도 문자와 카카오 톡을 보내면 좋아할 고객을 많이 확보해 두어야 한다. 일이 바쁜 고객이거나 전문직에 종사하는 고객의 경우는 늘 먼저 물어본다.

"이러이러한 내용으로 아침문자를 보내드리고 있는데, 괜찮으시다면 보내드려도 될까요?"

나는 2006년 10월부터 2012년 8월 14일까지 거의 6년 동안 매일 아침마다 지인들과 고객들에게 문자를 보냈었다. 목사인 여동생 남편이 처음 나에게 보내주면서 시작하게 된 아침 문자는 2012년 광복절을 맞아 잠시 쉬게 되기까지 참 부지런히도 보냈다. 주로 알아두면 좋을 정보와 명언, 그리고 재미있는 이야기를 매일 다르게 보냈었다. 여름에는 새벽 5시에서 6시 사이에 보냈고, 겨울에는 아침 7시에서 9시 사이에 보냈다. 좋은 성경구절을 보낸 적도 있는데 상대방이 어떤 종교를 갖고 있는지는 사업상에 방문해 보면 알 수 있다. 기독교인들은 주로 사업장에서 성경책을 놔두고 있거나, 성경구절이 있는 액자, 또는 십자가를 벽에 걸어두고 있기 때문에 조금만 주의해서 보면 바로 알 수 있다. 기독교인인 고객들에게는 성경구절만큼 좋은 게 없다. (당신이 기독교인이 아니라고 해서 걱정할 필요는 없다. 요즘은 인터넷에 검색만 해도 좋은 성경구절들이 많이 나온다. 세일즈맨인 우리가 이 정도 하는 것을 수고라고 할 것도 없는 일이다.)

최소비용의 문자메시지로 고객과 접촉하고 친해질 수 있다. 심지어 카카오 톡은 비용도 들지 않는다. 당신이 지금 바빠서 고객들과 카카오 톡이나 문자 메시지를 주고받을 시간이 없다고 하는 것은 그저 핑계이며 고객에게 무관심하다고 밖에 말할 수 없다.

내가 보낸 카카오 톡이나 문자는 고객들에게 무척 반응이 좋았다. 고객들은 나한테 받은 글을 그대로 자기가 알고 있는 사람들에게 전달했다. 그리고 그 문자를 보내 준 사람이 바로 나라며 소개도 해 주었다. 직접 만나지 못 해도 소개가 이뤄지는 것이다. 이렇게 문자만 보내도 돈독한 관계가 맺어질 수 있다.

스마트폰으로 바꾼 뒤에는 카카오 톡을 시작하게 되었다. 나는 내 프로필에 날마다 당일날짜와 계약한 누적 건수를 기록해서 적었다. 계약이 없는 날은 날짜만 변경해서 올렸고 계약이 추가되면 바로 숫자를 변경해서 올렸다. 전국에서 내 카카오 톡 프로필을 보고 상담을 요청했고 실제로 이 프로필만으로 100건이 넘는 계약을 이뤄냈다. 지금 보고 있는 이 책이 인쇄소로 보내진 날인 2014년 2월 13일까지의 카카오 톡 프로필은 <2014년 2월 13일: 현재 4,202업체 계약관리>였다.

지금의 카카오 톡 프로필은 노란 우산을 쓰고 있는 나의 사진과 <저자: 유준원, 제목: 거절을 거절하라> 이라는 글로 되어 있다. 태어나서 처음 쓴 책이 출판 된 기쁨을 어딘가에 막 자랑하고 싶은데 어디다 어떻게 해야 할지 몰라서 조용히 카카오 톡 프로필에 올려놓았다. 아마도 곧 내 지인들과 고객들이 이 책을 알게 될 것이다.

이렇게 기회가 될 때마다 당신은 '나'를 알리는 데 주력해야 한다. 비싼 돈으로 오랜 시간을 들여가며 광고할 필요가 없다. 나에게 주어진 무료광고기회가 바로 내 휴대폰 안에 있다. 고객에게 보내는 한 통의 문자와 카카오 톡 메시지는 곧 매출과 직결된다. 늘 당신의 손에서 떠나지 않고 있는 그 휴대폰에 어마어마한 가치가 숨겨져 있는 것이다. 재치 있게, 지혜롭게 잘 활용하길 바란다. ☂

/02/ 유체이탈연습

oh, my love, my darling

I've hungered for your touch

A long, lonely time

And time goes by so slowly

And time can do so much,

Are you still mine?

1990년대 개봉할 당시부터 24년이 지난 지금까지도 명작으로 꼽히는 영화 <사랑과 영혼>에 나오는 노랫말 중 일부이다. 주인공 패트릭 스웨이즈는 강도를 만나 뜻밖의 죽음을 맞이하게 된다. 하지만 그의 영혼은 하늘로 올라가지 못 하고 계속해서 연인인 데미 무어의 곁에 머물러 있다. 그는 자신을 죽인 강도가 데미 무어도 해치려고 한다는 것을 알고는 필사적으로 자신의 존재를 알린다. 결국 강도 역시 죽임을 당하고 패트릭 스웨이즈는 데미 무어에게 사랑한다는 말을 남긴 채 하늘로 올라간다.

혹시 눈치 챘는가? 죽음도 초월한 이 영원한 사랑이야기에 성공적인 세일즈를 위한 열쇠가 들어있다. 육신은 죽었지만 영혼은 살아있는 채 자신의 장례식을 지켜본 남자. 그 후 혼자 남겨진 연인과 그 연인의 주변상황까지 모두 지켜보고 그녀를 보호해 준다. 이 모든 게 가능했던 것은 영혼과 육체가 분리된다는 유체이탈을 했기 때문이다. 바로 이 유체이탈이 우리 세일즈맨들에게 필요한 부분이다.

실제로 영혼과 육체를 분리하라는 이야기가 아니다. 나의 모습을 또 다른 내가 볼 필요가 있다는 말이다. 대부분의 영업조직에서는 이를 위해 고객을 만나는 과정을 가상으로 시연해 보는 Role Play, 줄여서 RP대회를 연다. RP대회 우승자들의 시연을 보고 있노라면 마치 각본이 잘 짜여 진 한 편의 영화를 보는 느낌이 든다. 내가 고객이라도 그 자리에서 바로 계약을 하고 싶을 정도이다.

나도 틈틈이 큰 거울 앞에서 연습을 하고는 한다. 문을 열고 첫 인사를 건네는 순간부터 제품을 안내하고 끝인사를 하고 나오는 순간까지를 쭉 연습해 보고 카메라로 촬영까지 해 본다. 연습을 모두 마치고 촬영한 내용을 보면 어색하고 한심한 부분들이 보이기 시작한다. 말할 때는 미처 몰랐던 내 표정과 행동들까지 고객의 입장에서 본다면 거슬릴만한 부분들도 많았다. 이런 유체이탈 연습은 실제 고객과의 만남에서 상당한 도움이 된다. 나의 입장에서 나를 보는 것이 아니라 고객의 입장에서 나를 바라볼 수 있기 때문이다.

또한 이 영상을 고객이 될 만한 주변 사람들에게 보여주고 고객의 입장에서 나와 계약을 하고 싶은지, 아니면 그냥 나를 쫓아내고 싶은지를 냉정하게 들어봐라. 내가 영업을 할 때 고객들은 어떤 마음과 생각을 갖고 있는지를 알 수 있는 중요한 시간이 될 것이다.

　한 단계 더 나아가 이렇게 연습한 영상을 동료들이나 선배들과 함께 분석해 보는 것도 좋다. 같은 세일즈맨의 입장에서 나 자신을 평가해 보는 것도 중요하기 때문이다. 같은 상품을 비슷한 고객들에게 판매함에도 불구하고 왜 실적의 차이가 나는 지를 이 시간을 통해 파악해 낼 수 있을 것이다. 나 자신을 객관적으로 바라보고, 입장을 바꿔 생각해 보는 이 시간을 통해 무엇을 고쳐야 하고, 무엇을 강화시켜 나가야 할지를 알게 될 것이다.

　가급적 연습을 많이 해 봐라. 가상이 아닌 진짜로 평가를 받아야 하는 고객 앞에서 떨지 않고 성공적인 세일즈를 하기 위해서는 연습이 꼭 필요하다. 연기를 하고 있다는 생각이 들만큼 이 유체이탈을 많이 경험해봐야만 나 자신을 제대로 돌아볼 수 있다. 다른 사람의 RP도 많이 분석해봐라. 성공한 이들과 나의 차이점이 있다면 배우려고 노력하고, 실패한 이들과 나의 공통점이 있다면 바꾸려고 노력해라. 유체이탈로 연인과의 영원한 사랑을 이룬 주인공처럼 우리도 성공적인 세일즈와 영원한 동행을 할 수 있을 것이다.

/03/ 선물로 '나'를 드려라.

"뭐, 없어요?"

"네? 뭘요?"

"아, 이런 거 가입하면 선물 주잖아요!"

그래도 요즘에는 이런 소리를 덜 듣는 편인데, 노란우산 공제가 시작되고 난 2년 정도는 정말 수도 없이 들었던 말이다. 전국적으로 가입 유치 경쟁이 치열해지자 세일즈맨들은 고객을 잡기 위해 자비로 선물을 증정하기 시작했다. 물론 나 역시 나를 믿고 가입해 주는 고객들에게 감사한 마음에 선물을 주고 싶었지만 선물을 자비로 사서 드릴 만큼의 수수료가 아니었기에 할 수 없었다. 당장 급한 마음에 선물로 고객을 유치하다가 실적이 줄기라도 하면 오히려 마이너스가 될 일이었다. 이왕 시작한 일, 끝까지 하고 싶었고 제대로 하고 싶었기에 나는 선물로 지출을 늘리는 일만큼은 하지 않고자 했다. 전국을 돌아다니며 고객을 만나다 보면 한 달 경비만 4백만 원이 나가던 때였다. 그렇게 해서 고객을 만나 통장에 찍히는 돈도 실제 소득은 아니었다. 그리고 무엇보다 가입 유치를 위한 선물 제공은 불법이었기에 양심적으로 일을 하고 싶었다.

> 미끼를 던져 고객을 유인하는 보험사의 '낚시 마케팅'이 여전히 기승을 부리고 있다.
>
> 금융감독원은 표준이율 인하로 인한 보험료 상승을 미끼로 절판 마케팅을 펼치는 행위에 대해 엄중 조치한다고 밝혔다. 하지만 보험사들은 지나친 영업 경쟁과 실적 압박으로 인해 경품 응모 추첨 시 선물을 증정하는 변종 행태로 미끼 마케팅을 계속하고 있었다.
>
> ...
>
> 금융권 전문가는 "보험업계는 설계사가 고객을 설득해 계약을 체결, 선물로 감사를 표하는 영업 문화가 강한데, 최근 고객을 미끼로 유인해 영업을 하려는 쪽으로 왜곡됐다."면서 "쉽게 영업하려는 보험사 정책이 자

율적으로 개선되고, 감독 당국의 적극적인 감독 의지가 나와야 미끼 마케팅으로 피해를 보는 소비자들이 줄어들 것"이라고 말했다.

- 보험사 '낚시 마케팅' 기승······선물로 고객 유인
〈세계파이낸스〉 2013.03.20

금융감독원까지 나서서 사태를 수습해야 할 만큼 피해는 심각해졌다. 쉽게 영업하는 방법을 택한 영업사원들 때문에 정직하게 영업하는 나 같은 사람도 피해를 보았다. 다른 영업사원들은 선물을 준다는데 나는 왜 안 주냐고 묻기도 했고, 나에게 설명을 다 듣고 나서는 선물을 제시한 다른 영업사원에게 가입한 경우도 있었다. 물론 내가 고객이라도 이왕 가입할 거라면 선물을 받는 쪽이 더 좋을 것이다. 하지만 선물로 고객의 마음을 흔들고, 시장을 흐려놓은 영업사원들은 나중에 가서는 결국 일을 그만두었고 그 피해는 고객뿐만 아니라 나에게도 돌아왔다.

1990년대 후반 2000년대 초반에 일부 보험설계사는 노트북과 골프채를 선물로 주기도 했는데 매월 백만 원 이상의 보험료를 내야 한다는 것은 생각하지 못하고 당

장에 받을 수 있는 이 선물 때문에 전문직 종사자들이 폭발적으로 가입한 사례도 있다.

보험회사 수수료 체계는 조삼모사다. 모두가 그런 것은 아니지만 선 지급 형식으로 되어있다. 계약을 따오면 앞으로 1년, 2년 간 받을 수수료를 다음 달에 한꺼번에 넣어준다. 그러다 보니 고객들에게 자비로 선물을 주고 온갖 무리한 서비스를 해 주는 것이다. 고객이 계속해서 계약을 유지해 나가면 문제가 없지만, 만약 1-2년 안에 계약을 해지하거나 실효가 되면 영업사원은 미리 받은 수당을 반납해야만 한다. 그럴 때는 고객이 계약을 계속 유지하도록 자비로 고객의 보험료를 내주는 경우가 생기기도 한다. 이 같은 일이 누적이 되면 문제가 심각해지는 것이다. 마치 카드 돌려 막기와 같다. 결말은 뻔하다. 당장에 받게 될 수수료에 눈이 멀어 선물로 고객을 모아 온 영업사원들은 결국 오래 버티지 못하게 된다.

대한민국 보험영업의 전설, 삼성생명 그랜드 챔피언 10연패의 신화, 예영숙 명예전무가 쓴 「고객은 언제나 떠날 준비를 한다」라는 제목의 책이 있다. 비겁한 경쟁자를 따돌린 일화가 있어 소개해 본다.

그런데 사흘 째 오후가 되는 날 가입신청서를 내겠다는 사람들이 갑자기 보이지 않았다. 이상했다. 수소문해보니 유치전이 치열해지면서 다른 쪽에서 각종 경품과 현금까지 지급한다는 소문이 파다하게 퍼져 있었다. 직원들이 그것에 흔들린 것이다. 당황스러웠다. 그러던 중 부서에서 대표로 한 직원이 찾아와 "다른 데는 현금을 지급하는데 당신도 현금을 줄 수 있으면 좋겠다. 라고 말했다. 나는 단호히 거절했다. 회사의 명예를 걸고 그렇게는 못한다는 생각이 들었다. 결국 가입자를 많이 빼앗겨 아쉬움이 남았지만 그래도 그때 참가 회사 중 가장 많은 실적을 냈기 때문에 정의는 살아 있다고 생각했다.

책을 읽다가 이 부분에서 박수를 쳤다. '역시, 신화구나! 이래서 챔피언이구나!'

소기업을 운영하는 대표님들에게 경쟁업체의 비겁한 공격에도 무조건 바른 길로 가야 한다고는 차마 말하지 못하겠다. 마케팅 차원의 프로모션도 있고 선물을 해야만 하는 경우도 있다. 그러나 한 가지는 확실히 말할 있다. 경쟁 업체를 쓰러뜨리기 위해서 내가 먼저 비겁한 공격은 절대 하지 말라는 것이다. 선물을 주는 것도 중독이 된다. 선물을 주기 시작하면 고객이나 사업체나 선물

없이는 아무것도 못하게 된다.

그렇다면 고객에게 선물이 아닌 무엇을 드리면 좋을까? 나는 고객에게 미끼용 '선물'이 아닌 바로 '나' 자신을 드리라고 하고 싶다.

"선물로 뭘 줘?"

"선물이요? 저를 드리겠습니다!"

"됐고, 다른 사람들은 뭐 준다던데 뭐 안 줘?

"그건 일 못하는 사람들이 실적이 없다 보니 선물로 어떻게든 환심을 사려고 하는 겁니다. 저도 선물 드립니다. 선물로 저를 드리겠습니다. 앞으로 30년 동안 제가 고객님의 귀한 자금을 관리할 거예요. 변동사항이나 세금 관련해서 궁금한 것 있으면 언제든지 무료로 안내해드리겠습니다. 저를 선물로 생각하신다면 최고의 선물이 될 겁니다."

"허허, 그렇지. 사람이 선물이지."

2008년 4월에는 감사의 선물로 표창장을 만들어 준 적도 있었다. 한 명의 원장님이 가입한 후에 아는 다른 원장님 여러 명을 소개해 주어 많은 계약을 한 적이 있었다. 어떻게 감사의 마음을 표현할까 생각하다가 이런 상을 만들어 드렸다.

바로, 한 번에 두 가지 상으로 상의 이름은 <빠른 지혜상과 착한 마음상>이었다.

'위 원장님은 사람들이 많이 모르는 고급정보를
빨리 습득하시고 쟁취하신바 빠른 지혜상과 함께
혼자만 알아도 될 알짜배기 정보를
지인들에게 알려주는 착한 마음을 가지셨기에
착한 마음상 두 가지를 한꺼번에 드립니다.'

-노란 우산 가입유치 전국 1위 유준원 드림

좋은 대학을 나와 의사가 된 분이 고졸 출신인 영업사원에게 받은 표창장을 보고는 해맑게 웃으셨다. 지금껏 받은 것 중에 최고의 상장이라며 엄지손가락까지 치켜 주었다. 계약 받을 때보다 더 기분이 좋아진 나는 표창장을 더 예쁘게 만들고 코팅해서 총 열한 곳의 고객님들께 감사의 마음을 전했다.

이렇게 보니 결국 나도 선물을 했다. 코팅 비 한 장당 500원씩 자비로 부담한 선물이었다. 비록 500원짜리 선물이지만 그 어떤 선물보다 의미가 있는 것이라고 생각한다. 편지나 전화도 좋은 선물이다. 마음을 담아 좋은 정보를 나누고 대화를 나눌 수 있는 관계형성이 된다면 고객에게 나의 존재자체는 최고의 선물이 될 것을 확신한다.

/04/ 잠재고객을 소개받아라.

'잘되면 술이 석잔, 안 되면 뺨이 석대
잘되면 옷이 한 벌, 안 되면 뺨이 석대'

소개를 해서 일이 잘된다면 술이든 옷이든 얻을 수 있지만 만약 잘 안 된다면 뺨을 석대나 받게 된다는 뜻이다. 심할 경우에는 소개를 잘 못해줘서 원수 사이가 되기도 한다. 그만큼 다른 사람에게 무언가를 소개한다는 것은 신중해야 할 일이고 소개할 대상에 자신이 있어야 한다.

한 번 스스로에게 물어보아라. 나는 기존 고객에게 내가 갖고 있는 상품을 다른 사람들에게도 소개해 달라고 자신 있게 권할 수 있는가?

새로운 고객들을 매 번 만나는 것도 중요하지만, 기존의 고객들로부터 잠재고객을 소개받는 것은 세일즈맨에게 아주 중요하다. 고객의 소개는 세일즈맨에게 있어 성공이냐, 실패냐를 가름할 수 있는 큰 요소이기 때문이다.

소개를 해 주는 고객들은 그 때부터 고객을 넘어선 나의 협력자가 된다. 마치 또 다른 내가 영업을 뛰는 것과 같은 효과가 생겨나기 때문이다. 게다가 그들은 계산 적인 마음이 아니라 그저 서로에게 좋은 것이라 생각하고 순수하게 소개를 해 주니 얼마나 감사한 일인가.

나는 늘 계약서 작성을 끝낸 뒤에 고객들에게 이런 식으로 소개 요청을 한다.

"예 이제 다 되셨는데요, 딱 한 가지! 중요한 일이 남아 있습니다. 대표님께서는 오늘 아주 좋은 제도에 가입하셨습니다. 축하드립니다. 그런데 이렇게 축하 받을 일을 혼자만 아시지 마시고 친한 분들과도 함께 나누시면 어떨까요? 세 분만 소개해 주세요. 그러면 소개받는 분들이 고맙다고 대표님께 한 턱 내실 겁니다. 자신합니다."

과반수의 고객들은 웃어넘기거나 '없어!'라고 딱 잘라버렸지만 그래도 상당수의 고객들이 주변의 다른 사람들을 소개 해 주었다. 지금까지 내가 한 4천 건이 넘는 계약을 검토해 보니 절반은 소개로 성사된 것이었다. 처음 상품에 대한 상담을 할 때는 시큰둥하던 사람들도 다른 사람들의 소개를 받고 나와 다시 만나면 대부분 계약을 했다. 나의 열심과 고객들의 소개가 어우러져 계약으로 이어진 합작품인 셈이다. 그렇게 소개 받은 사람들은 또 다른 사람들을 소개해 주니, 일단 소개의 물꼬가 트면 계약은 마르지 않는 샘과 같이 계속해서 나온다.

이 마르지 않는 샘물을 당신 역시 갖고 싶다면 어려울 것 없다. 다음 세 가지를 기억하며 고객을 만나면 된다.

첫째, 판매 상품에 대해서 완전하게 습득해라.
둘째, 성실하게 임해라.
셋째, 소개를 요청하고 소개를 받으면 반드시 감사의 표시를 해라.

대부분의 세일즈맨이라면 첫째와 둘째 사항은 이미 갖추고 있을 것이라고 생각한다. 하지만 셋째 사항을 행동에 옮기는 것을 어려워한다.

다른 사람에게도 내 상품을 소개해 달라는 말은 결코 주춤거리며 해서는 안 된다. 현재 하고 있는 이 세일즈를 앞으로도 평생 할 것처럼 말하고 정말로 그렇게 해야 한다. 그렇게 하면 자신감이 붙고 이 자신 있는 세일즈를 누구에게나 권할 수 있게 되는 것이다. 언젠가 내 상황이 변해서 이 세일즈를 지속하지 못할 수도 있다는 생각에 한 발 물러선 태도로 일한다면 다른 사람에게 소개를 해 달라는 말도 입 밖으로 안 나오고, 그런 나에게 누가 소개를 해 주지도 않는다.

또한 감사의 표시를 하라는 것은 물질적인 사례를 하라는 게 절대 아니다. 마음을 담은 손 편지도 좋고 별일이 없어도 한 번 방문해서 인사를 드리는 것도 좋다. 인사를 갈 때는 꼭 열심히 일하고 있다는 말과 고객님을 만난 뒤로는 일이 더 잘 풀린다는 기분 좋은 말을 덧붙여라. 그럼 그 고객은 당신을 다시 한 번 더 기억해 줄 것이고 미처 생각하지 못했던 새로운 사람을 소개시켜 줄 것이다.

나는 이렇게 해서 사업체 100곳을 넘게 소개해 준 회계사무실 사무장도 만났고, 카센터 모임이 있는 날 나를 초대해 준 카센터 대표도 만났다. 슈퍼마켓, 인쇄소, 세탁소, 미용실, 주유소, PC방 등 셀 수 없이 많은 모임에 초대를 받았고, 그 곳에서 많은 계약을 했다. 아침 여섯

시부터 밤 열한 시까지 어느 지역이건, 어떤 사업장이건 소개를 받은 곳은 무조건 찾아갔다.

"이렇게 좋은 것을 소개받으셨는데, 사장님도 소개 해 줄 사람들 생각해보세요."

다른 사람의 소개를 받았기 때문에 다른 때보다 고객들은 더 호의적이다. 특히 자신들에게 이익이 되는 제도라는 확신을 갖게 되면 더욱 친절하게 대해주고, 다른 고객도 소개해 준다. 방문하면 고객들이 상당히 호의적인 데다가 자신들에게 이익이 되는 일이라고 생각해 더욱 친절히 대해준다.

'우는 아이 젖 준다.'는 말이 있다. 간절히 찾는 나의 울음소리를 고객들은 들어준 것이고, 적극적으로 내 일을 도와주었다.

모든 사업자는 세일즈맨이다. 요즘은 대통령도 세일즈를 한다고 하는데, 자신이 세일즈맨이라는 것에 대한 자부심과 자기정체성이 없다면 안 된다. 내 기술, 내 제품, 내 열정을 세일즈 해야 한다.

자동차를 일만 대나 넘게 판매한 판매왕 조 지라드에게는 250명의 법칙이 있다.

'단 한 명의 고객을 만나더라도 250명을 대하듯 하였고 한 사람에게 신뢰를 잃으면 그것은 곧 250명의 고객을 잃는 것이라는 생각을 가졌다.'

나 역시 단 한 명의 고객이라도 소홀히 대하지 않으려고 노력했다. 한 명의 고객이 얼마나 귀한지 잘 알고 감사했기에 그 많은 소개도 받을 수 있었던 것이다.

일이 많고 힘들고, 새로운 고객을 매일 찾아 다녀야 하는 업무의 특성 때문에 기존 고객관리를 잘 못 하는 세일즈맨들이 많다. 비록 마음속으로는 고객들에게 감사할지라도 이를 어떻게 표현해야 할지 몰라서 답답해하는 경우도 있다. 나는 그런 세일즈맨들에게 말하고 싶다.

"단 한 번을 만나는 고객이라도 그 순간 진실로 최선을 다하라" 그리고 "웃음을 함께하라"

진심으로 최선을 다 하는 당신을 고객은 기억할 것이고, 그 관계는 오래 갈 것이다. 당신이 바쁘다는 것쯤은 고객도 알고 있다. 단 한 번의 만남일지라도 당신의 진심과 열정, 그리고 웃음을 고객이 기억한다면 반드시 당신에게 다른 사람을 소개해 주고 싶은 마음이 생겨날 것이다. 고객과의 만남에 늘 최선을 다 하고, 웃음을 잃지 않고, 자신감 있게 확신을 심어준다면 소개는 저절로 따라오게 되어 있다.

'인간에게 얼굴이 있는 이유는 웃기 위해서이다.'

판매 왕 조 지라드는 소개로 이어지기 쉬운 이 같이 멋진 말을 했다. 웃음의 위력을 알지 못하는 세일즈맨은 결코 성공할 수 없다. 고객을 많이 웃게 한 후에 소개를 요청해 보자. 소개받는 일이 점점 많아질 것이다.

만약, 나는 현재 고객이 아무도 없다고 한다면 기억해라. 나의 협력자는 꼭 고객이 아니더라도 만들 수 있다. 한 마디로 모두가 나의 협력자라는 말이다. 나의 아이들도, 내 친구의 친구도, 내 동생의 후배도 협력자가 될 수 있다. 실제로 나는 이 일을 시작하면서 누구보다 먼저 내 아이들에게 아빠가 하는 일이 어떤 것인지를 자랑스럽게 설명해 주었다. 그러자 내 중학생 아들은 아빠의 직업이 뭐냐고 물어 본 학원선생님에게 나에게 들은 대로 정확하게 설명을 했고, 그 선생님은 나의 고객이 되었다. 나보다 서른 두 살이나 어린 아들이 나의 협력자가 될 것이라고 누가 생각했겠는가!

그러니 큰 소리로 최선을 다 해서 세일즈에 임해라. 그러다보면 나를 알아주는 사람들이 생겨난다. 열심히 하고 있다는 것을 누가 알아야 나에게 소개도 해 주고 협력자가 되어줄 것이 아닌가. 내 가족은 물론이거니와 나의 친구, 선·후배를 비롯한 모든 아는 사람들이 내가 무슨 일을 하고 있는지 알게 해야 한다. 그들이 현재 나의 고객이건 아니건 내가 하고 있는 일이 무엇인지, 내가 이 일에 얼마나 유능한지를 알려야 한다. 다른 곳에서 이 상품에 대한 얘기만 들어도 내가 떠올리게끔 해야 하고, 나를 떠올리면 그 상품이 생각나게끔 해야 한다. 알린 만큼 씨앗은 뿌려진다. 그리고 그 씨앗은 어느 곳에서 어떻게 열매를 맺을지 모른다. 하지만 분명한 건 그 열매는 반드시 당신에게 돌아오게 되어 있다. ☂

/05/ 똑똑한 사재기, 착한 밀어내기

대부분 '사재기'라는 말은 세일즈맨과 관련이 없다고들 생각할 것이다. 하지만 계약 마감에 쫓기거나 프로모션에 눈이 멀어 가짜로 계약을 해 오는 것은 일종의 '사재기'라고 할 수 있다. 실제로 많은 세일즈맨들이 이 '사재기' 때문에 빚을 지고 재정 파탄의 길로 들어서기도 한다.

이 '사재기'를 잘못하게 되면 세일즈맨들은 가까운 지인들에게 '밀어내기'를 하게 된다. 실적이 부진하거나 이익이 안 나면 헐값에라도 갖고 있는 상품을 '밀어내기'를 하게 되는데 결국 손해가 이만저만이 아니므로 이 또한 '사재기'와 같이 조심해야 할 부분이다.

가장 좋은 방법은 '사재기'도, '밀어내기'도 하지 않는 것이겠지만 실제 영업을 하다보면 이 '사재기'와 '밀어내기'를 피하기란 쉽지가 않다. 그러므로 '똑똑한 사재기'로 이득을 보고, '착한 밀어내기'로 손해를 줄이는 것이 필요하다. '사재기'와 '밀어내기'에 대해서 정확히 알고 이를 적절하게 활용하는 것이 중요하다.

자, 그럼 먼저 '똑똑한 사재기'란 무엇인 지 살펴보도록 하자.

'사재기'를 사전적 의미로 풀이해보면, '제품 값이 오를 것을 예상하고, 물건을 필요 이상으로 많이 사 두는 일'이다. 즉, 사회가 불안할 때 생필품을 미리 많이 사 두거나, 주식회사나 대기업의 증시가 급락했을 때를 노려 오너일가나 임원들이 자사 주식을 대량 매수하는 일 모두가 '사재기'라고 할 수 있다. 이렇게 보면 '사재기'

라는 것이 자신을 지키고, 회사를 지키는 좋은 수단이기도 하다. '사재기'가 꼭 나쁜 것만은 아니라는 것인데 어떻게 하면 똑똑하게 '사재기'를 활용할 수 있을까?

앞으로 세일즈를 계획하고 있거나, 근래에 세일즈의 세계로 입문한 새내기 세일즈맨들은 더 집중해주기를 바란다. 회사에서는 한 달에 한 번, 혹은 분기별로 한 번씩 실적증대를 위한 프로모션을 건다. 바로 이 때 조심해야 할 것이 '가짜계약'이다. 시책을 받을 목적으로 무리하게 한 '가짜계약'은 조만간 파탄이라는 부메랑이 되어 당신에게 돌아올 것이다. 특히 무형의 서비스를 판매하는 세일즈맨들은 초기 투자금이 없다는 이유로 본인이 계약을 하거나 구매를 하는 경우가 있는데 이것이 가장 위험하다. 세일즈를 시작하기 전에 스스로 '삼진아웃제도'를 설정해 놓아라. 자기 이름으로 된 필요 없는 계약이 두 개인 '투아웃' 상태가 되면 거기서 멈춰야 한다. 실적을 맞추기 위해 불필요한 자기계약을 반복하게 되면 지출은 점점 늘어나게 되고 결국 세일즈의 세계에서 아웃을 당하게 될 것이다.

이런 문제점이 있음에도 불구하고 정말로 '사재기'를 하고 싶은 유혹을 받을 때가 있을 것이다. 앞으로 가격이 많이 오를 예정이라든가, 상품 자체가 없어질 수도 있을 때는 한 번 신중하게 고려해 보아라. 유형의 상품인 경우 사재기 한도는 월매출금액의 10%를 넘지 않는 게 좋다. 또, '사재기'를 하며 쓴 돈은 6개월 안에 나에게 두 배의 이득으로 돌아와야 한다. 예를 들어, 한 달에 2천만 원의 매출을 올리는 세일즈맨이라면 2백만 원 정도를 '사재기'하고, 6개월 안에 4백 만 원이 들어와야 '똑똑한 사재기'를 했다고 할 수 있다.

창업을 하는 사람들의 경우에도 상품 '사재기'에 주의해야 한다. 창업초기부터 돈이 될 것 같다는 생각에 이것저것 손을 대기 시작하면 절대 안 된다. 상품마다 특징이 다르고 선호하는 소비자가 다르기 때문에 반드시 충분한 검토와 시장에 대한 공부가 필요하다. 학교에서 하는 공부는 죽고 사는 문제가 아니지만 세일즈는 돈을 버는 공부이자 가족들의 생계를 위한 공부이기 때문에 죽고 살 수 있는 문제이다. 그러므로 세일즈이건, 사업이건 절대 도박처럼 짧은 시간 안에 큰돈을 벌겠다는 생각으로 '사재기'를 해서는 안 된다. 평생 이 일을 하겠다는 생각으로 '똑똑한 사재기'를 해야 한다.

이제 '착한 밀어내기'를 살펴보도록 하자.

계약서를 제출해야만 실적으로 인정되는 보험의 '사재기'는 '밀어내기'조차 할 수가 없다. 처음 보험 세일즈를 시작하는 사람들의 대부분은 본인과 가족, 친구들까지 다 동원해서 계약을 받아낸다. 모르는 사람들을 찾아가 영업하기보다는 이쪽이 더 수월하다고 생각하기 때문인데 절대로 처음부터 지인들의 계약을 과다하게 '사재기'해서는 안 된다. 이들이 중도에 계약을 해지하게 되면 '사재기'하며 얻게 된 수입보다 훨씬 더 많은 부담을 져야만 한다.

특히 상품 판매를 하는 세일즈맨들의 사재기는 생각보다 심각한데, 대부분 실적을 맞추기 위해 '유령계약'을 해서 본사에 자신의 돈을 입금한다. 하지만 본사로부터 받게 되는 수당은 적다보니 결국 집안 구석구석에 재고가 쌓이고 통장은 비어간다. 주로, 대기업 대리점이나 다단계판매를 하는 사람들에게 많이 나타나는 현상이다. '사재기'를 너무 지나치게 하고 있어서 내 지출이 점점 많아지고 있다는 것을 깨닫지 못하고 계속해서 '사재기'를 한다면 결국 '밀어내기'를 할 기회조차 잡아내지 못할 것이다. 자신뿐만 아니라 내 주변 사람들한테까지 피해가 가지 않도록 하루라도 빨리 '밀어내기'를 해야 한다. 구매하는 사람들 입장에서는 싼 값에 상품을 구매할 수 있고, 판매하는 사람 입장에서는 손해를 보더라도 그 상품을 털어내고, 적은 자금이나마 모아 새로운 사업을 다시 모색할 수 있으니 '착한 밀어내기'라고 할 수 있다.

나 역시 '사재기'를 잘못해서 혹독한 대가를 치른 적이 있다. 기하급수적으로 가격이 오르고 있었으나 제품을 미리 확보하지 못해서 결국 큰 손해를 본 것이다. 오히려 급할 것 없는 제품을 과시하고 싶은 마음에 사들여 몽땅 재고를 끌어안아야만 했다. '사재기'는 잘못했지만 '밀어내기'만큼은 착한 마음으로 하고 싶어서 쿨하고 빠르게 처분을 했다. 내 손해로만 얼른 끝내는 것이 속도 편할 것 같고 얼른 다른 사업을 준비할 수 있을 것 같아서였다.

계약을 마감하는 날은 모든 영업조직이 전쟁터가 된다. 마감날에 하는 계약에 대해서는 회사가 나서서 조사할 정도로 불완전한 계약이 많다. 지인들에게 전화해서 상품을 사달라고, 보험에 가입해달라고 조르는 세일즈맨들도 더러 있다. 안타깝고 슬픈 일이다. '강매'가 아닌 '영업'으로 끝까지 이 일을 하는 세일즈맨이 되고 싶다면 '똑똑한 사재기'와 '착한 밀어내기'를 꼭 마음 깊이 새겨두길 바란다.

/06/ 망하고 싶다면 최대한 싸게 팔아라.

요즘에는 대부분의 건물마다 '임대'가 붙어있다. 간판을 달고 인테리어도 새로 해서 사업을 시작하지만 얼마 못 가 폐업을 하는 사업장이 너무 많기 때문이다. 도로로 나가보기만 해도 '망했습니다! 긴급처분! 눈물의 폐업'과 같은 글이 써진 현수막을 많이 보게 된다. 물론 개중에는 대량으로 매입해서 작전상 망한 것을 홍보하는 업체들도 있기는 하지만 그만큼 사업을 시작하고, 사업을 접는 사람들이 많다는 이야기이다.

세일즈맨들에게 있어서는 세일즈를 시작하는 것이 개업이며, 세일즈를 접는 것이 폐업이다. 사실상 눈에 보이는 많은 사업자들보다 더 많은 세일즈맨들이 개업을 했다가 폐업을 한다. 세일즈맨들은 처음 세일즈를 시작하면서 많은 오해와 착각을 한다. 초기 자본금이 들지 않는다는 이유로 한두 번의 손해를 봐서라도 계약을 하려고 한다.

'어차피 필요한 것이다, 가족을 위해 해 두는 게 좋으니 우리 가족부터 계약을 하자, 수당이 많으니까 한 번은 내 돈으로 계약을 해줘도 된다, 돈을 깎아주고 자비로 선물을 줘도 손해는 안 날 것이다……'

이런 식으로 우선 당장에 판매하고 보자는 생각에 손해가 날 정도의 수준으로 할인을 해주거나 대신에 돈을 내고 계약을 해 주는 경우가 많다. 누가 그렇게 어리석겠냐고 하겠지만 실제 현장에서는 빈번한 일이다. 이렇게 많은 세일즈맨들이 일을 하다가 결국 불어나는 지출을 막지 못하고 일을 그만둔다. 그럼 그 때부터 온갖 이야기가 나온다. 세일즈는 앞으로는 남는 것 같아도 뒤로는 다 손해 보는 일이라면서 안티세일즈 전도까지 하고 다닌다.

하지만 한 가지만 명심해도 절대 세일즈로 손해를 보지 않는다. 바로 무조건 싸게 팔지 않는 것이다. 싸게 파는 것이 경쟁력인줄로만 알고 자신이 손해를 봐가면서 판매를 해서는 안된다. 이는 곧 자멸의 길이다.

지금은 인터넷이 발달되어서 폭리를 취하거나 남들보다 비싸게 팔아 이윤을 남기기가 어렵다. 그래서 세일즈맨들이 선택하는 가장 쉬운 방법이 바로 남들보다 싸게 파는 것이다. 하지만 명심해야 할 것은, 싸게 팔아 이윤을 남길 수 있는 곳은 대기업 밖에 없다는 점이다. 대량생산과 대량구매를 통해서 원가를 낮추기 쉬운 대기업이 아니라면 싸게 판다고 해서 무조건 이익이 남지 않는다. 소규모 사업자나 세일즈맨들이 이를 생각 없이 따라 해서는 안된다.

세일즈를 시작하기 전에 어떤 마음이었는지를 기억해 봐라.

직장생활을 할 때보다 더 자유롭게 일하며 더 많은 돈을 벌 수 있을 거라는 생각에서 세일즈맨 일을 시작했을 것이다. 그런데 매출이 조금만 떨어지거나 실적이 오르지 않으면 금세 급한 마음이 들어 판매 가격을 인하하는 무리수를 두게 된다. 지나치게 할인을 해 주거나 자신의 돈으로 대신 계약을 체결하는 것은 직장에서 자신의 연봉을 스스로 깎아내리는 것과 다를 바가 없다.

대형마트나 할인마트 옆에 자리 잡고 있는 편의점을 생각해 보자. 바로 옆에 싸게 팔고 있는 상점이 있어도 편의점은 정찰가격을 유지한다. (물론 요즘에는 특별 행사로 일부 상품을 할인하는 편의점도 많이 있다. 하지만 기본적인 정찰가격은 유지되고 있기 때문에 대형마트에 비하면 비싼 편이다.) 편의점도 대기업에서 운영하는 계열사인데 왜 이들은 할인을 하지 않을까? 그건 편의점만이 갖고 있는 큰 장점이 있기 때문이다. 또한 그렇게 싸게 판다고 해도 수익이 나지 않는다는 것을 알고 있기 때문이다.

나는 1991년부터 2년 간 전국의 백화점을 돌며 숙녀구두를 파는 회사의 직원으로 일을 한 적이 있다. 지금은 백화점이 자주 할인행사를 하지만 20년 전 만해도 백화점 바겐세일은 정말 큰 행사였다. 백화점도 많지 않았다. 각 도에 한 두 곳밖에 없었고 경기도에만 시 별로 하나씩 있었던 것 같다. 나는 전국의 백화점 세일기간 동안 숙녀구두를 판매하기 위해 출장을 갔고 행사가 없을 때는 롯데백화점 잠실점에서 상주하며 판매를 했다. 당시 회사 사장님은 자금력이 좋았고 전국에 있는 백화점 행사를 동시에 치룰 수 있을 정도로 시스템도 잘 갖추고 계신 분이었다. 하루 판매량만 몇 천 켤레를 넘었고 매출도 잘 나왔다. 소비자가격은 원가의 두 배였고 때로는 세 배까지 올려 팔기도 했다.

그곳의 근무는 돈 벌수 있는 구조가 아니다. 출장비라고 해 봐야 세 끼의 식사비로도 부족할 정도였다. 당연히 숙소도 모텔이 아닌 여인숙을 이용해야 했다. 월급이 많은 것도 아니었고 앞으로 급여가 오를 기미도 보이지 않았다. 이 일을 계속해야 할지 비전이 보이지 않아 나는 회사에서 독립해 직접 판매를 해 보기로 마음먹었다. 매입거래처들을 많이 알고 있었고 백화점 바이어들과도 좋은 관계를 유지하고 있었기에 걱정이 없었다. 무엇보다 이 회사보다 더 싸게 팔면 내가 더 경쟁력이 있을 거라고 생각했다. 싸게 많이 팔면 엄청난 수익을 올릴 수 있을 거라고 말이다.

생각했던 대로 판매는 잘되었고 심지어 물량이 부족할 때가 많았다. 하지만 수익은 나지 않았다. 나는 월급을 받으며 생활하고 있던 나와 자금이 많은 사장님을 동등한 창업가로 착각하는 큰 실수를 저질렀다. 기본자금이 적었기에 물건을 팔면서 나오는 수익은 다시 다음 달을 위해 투자를 해야 하는데 나는 백화점 수수료 20%를 제외한 인건비, 물류비, 공급해야 할 물량 등을 생각하지 못한 것이다. (백화점 수수료가 매출의 20%라고 해서 놀라서는 안 된다. 백화점 입점업체들의 수수료는 30%이상인 경우가 많고, 편의점이나 할인점에 납품하는 일부 상품은 50%에 육박하기도 한다. 2014년 현재의 수치이다. 돈 없는 중소기업은 대기업에 이렇게 높은 수수료를 지불하고 있다.)

젊은 날의 나는 창업의 규모와 형편은 고려하지 않은 채 그저 백화점의 좋은 위치에 자리 잡고 앉으면 많은 돈을 벌 수 있을 것이라는 착각 속에서 허우적거렸다. 매출이 늘어나면 수입이 늘어야 하는데 자꾸 빚만 늘어갔다. 현금결제이던 백화점은 어음결제로 바뀌고 상품은 유행이 지나면서 손님들이 찾지 않게 되고 결국 매출은 바닥을 쳤다. 분명 물건은 많이 팔려서 매출은 매 달 올랐건만 정작 수입은 없었던 장사였다.

가장 중요한 수익구조를 세일즈맨들은 중요하게 생각하지 않는다. 회사에서 지불해야 하는 영업비용과 지출에 대해 신경 쓰지 않는 것이다. 그저 수당이 적다고 한탄할 뿐이다. 만약 최종적으로 창업을 생각하고 있는 세일즈맨이라면 현재 판매되고 있는 상품들의 가격을 정확하게 알고 있어야 한다. 그리고 함부로 가격할인이나 가짜계약을 맺어서는 안 된다. 특히 회사에 소속이 되어 세일즈를 하고 있는 사람이라면 반드시 책정된 가격으로 판매를 해야 한다. 소비자에게 받아야 하는 가격을 덜 받으려고 하면 안 된다는 원칙을 지켜야 세일즈 일을 오래 할 수 있을 것이다.

/07/ 지역은 제한하고 시장은 넓혀라.

　상품에 따라 지역을 넓혀야 할 것이 있고, 시장을 넓혀야 할 것이 있다. 보험, 자동차, 화장품 등 전 국민을 대상으로 판매할 수 있는 상품의 경우는 '지역'을 제한하고 '시장'을 넓혀야 한다. 어떻게 지역을 제한하고 시장을 넓힐 수 있을까? 방법은 아주 간단하다. 넓은 지역 여기저기를 돌아다니는 것이 아니라 빌딩 하나나 블록 하나를 선정하고 그 곳에 상주하고 있는 사람들 모두를 고객으로 생각하고 영업하는 것이다.

　내가 현재 근무하고 있는 곳은 14층 건물이다. 빌딩에서 근무하는 직장인들의 숫자가 얼만 큼 되는 지 잘 모르지만 구내식당에서 점심을 먹는 숫자가 550명 정도 된다고 하니 어느 정도 짐작이 된다. 이 빌딩을 타깃으로 삼고 세일즈를 해서 성공한다면 550명의 사람을 내 고객으로 만들 수 있다. 550명 뿐 이겠는가? 이들의 가족과 친구들, 지인들까지 모두 내 고객이 될 수도 있다. 내가 세일즈맨이라서 그런지 나는 늘 이 빌딩에서 활동하고 있는 세일즈맨이 없는 지 살펴본다. 그런데 이곳에서 지낸 지 세 달이 넘어가건만 아직까지도 이 빌딩에서 두 번 이상 마주친 세일즈맨이 없다. 딱 한 번 만났던 세일즈맨들의 홍보 리플렛도 무성의하고 임팩트가 전혀 없었다. 그나마 리플렛 하단에 설계사이름과 휴대폰번호가 찍혀있을 뿐이었다. 이러다보니 사람들은 홍보지를 안 받으려고 손을 휘젓고, 무심결에 받았어도 곧 쓰레기통을 찾게 된다. 만약 이 세일즈맨이 다시 이 빌딩을 찾아오지 않는다면 그저 1회성에 그친 홍보로 쓰레기만 잔뜩 만든 꼴이 될 것이다. 하지만 이 빌딩을 몇 번 더 찾아와 큰 소리로 인사도 하고 얼굴도장을 찍는다면 이야기는 달라진다.

내가 손해보험세일즈를 하던 때의 일이다. 당시 손해보험설계사의 강의가 나에게 자극이 되어 즉각 실행한 적이 있었다. 자택에서 걸어서 30분 거리에 사무실이 있었던 보험설계사는 날마다 그 거리를 걸어 다니며 리플렛을 나누어주었다고 한다. 출퇴근할 때 사무실과 집으로 가는 길의 오른 쪽 편에 있는 상가에 전단지를 돌렸는데 아침저녁으로 반대 길을 걸어가니 그 곳의 있는 모든 상가에는 홍보를 한 셈이다. 출근할 때 아직 개점하지 않은 상가에는 문 밑으로 리플렛만 넣었고 문이 열려 있는 상가에는 인사를 하고 리플렛을 주었다고 한다. 퇴근할 때는 모든 상가의 문이 열려 있지만 손님이 많은 상가에는 얼른 리플렛만 나눠주고 나왔다고 했다. 그렇다보니 늘 출퇴근 하는데 걸어서 한 시간 정도가 걸렸다고 한다.

한 달을 그렇게 홍보를 하고 나니 한 상가에서 자동차보험이 만기가 되었다며 차번호와 주민등록번호를 적어서 부탁하더란다. 상가의 주인이었는데 이사 온 지 얼마 되지 않아 아는 사람도 없었고 기존에 관리하던 설계사가 보험 일을 그만두어 새로운 보험설계사가 필요했던 참이었다고 했다. 그러던 중 매일 아침저녁으로 성실하게 리플렛을 돌리는 설계사의 모습을 보고 신뢰가 생겨서 일을 맡기기로 했다는 것이다. 이렇게 한 달 만에 첫 고객이 나오게 되었고 이후에는 그 상가 주인의 가족들과 옆 상가와 건너편 상가 사람들까지 계약이 이어지게 되었다고 한다. 당연히 고소득을 받는 보험설계사가 되었고 나중에는 그 지역에서 인지도가 높아져 시의원으로까지 출마를 했다고 한다.

이는 세일즈맨들에게는 기적 같은 이야기이다. 기적은 누구에게나 일어날 수 있는 일이 아니라고 하지만 이런 기적은 세일즈맨 누구에게나 일어날 수 있다. 단, 끈기를 갖고 노력하는 세일즈맨들에게만 말이다.

나는 이 강의를 들은 후에 곧바로 실행에 옮겼다. 나를 알리는 한 장짜리 소개서와 명함을 들고 한 블록을 정한 후에 돌고, 돌고, 또 돌았다. 그렇게 한 블록을 다 돌았을 때 쯤, 액자가게 사장이 나를 불렀다. 다음 주가 자동차만기라며 나에게 보험을 신청하겠다는 것이다.

 신이 난 나는 이후로도 그 블록을 지속적으로 돌면서 홍보지를 나누어주었다. 같은 상가의 사장이 나에게 보험가입을 했다고 말하면 다들 호의적인 반응을 보여주었다. 이렇게 상가의 사람들을 고객으로 만들고 나면 그 가족들이나 지인들까지 내 고객으로 만드는 것은 비교적 쉬운 일이다. 실제로 그 액자 가게 사장은 부인에게 가게를 맡기고 새로 유통 사업을 시작하면서 그 사업장의 직원들을 나에게 소개해 주었고 나중에는 그 직원들의 가족까지도 내 고객이 되었다.

 이 방법이 멍청해 보인다고 말할 수도 있다. 생각했던 것보다 시간이 꽤 걸릴 것 같아 힘들어 보인다고 말할 수도 있다. 하지만 작년 2013년까지도 꽤 유용했던 방법이고 내 이야기대로 따라해 보고 성공한 세일즈맨들도 있다. 출퇴근 때마다 가는 것이 아니더라도 일단 한 상가든, 한 블록이든 지속적으로 방문해라. 세일즈 스킬이 조금 부족하더라도 꾸준히 방문하면 성실하다는 인식이 심어져 계약이 나오게 되어 있다. 시간이 얼마나 걸릴지는 나 역시 장담할 수 없다. 나처럼 하루 만에 계약이 나올 수도 있고 위에 말한 손해보험설계사처럼 한 달이 걸릴 수도 있다. 하지만 확실한 것은 일단 한 블록에서 고객을 만들게 되면 그 블록의 모든 사람들과 주변 사람들까지 고객으로 만들 수도 있다는 점이다.

지역을 정하고 시장을 넓히는 것은 누구든 지금 당장 할 수 있는 일이다. 이 글을 읽었다면 당장 시도해 봐라. 남들에게나 일어날 것 같았던 기적이 당신에게도 일어날 것이다.

/08/ 시장은 제한하고 지역을 넓혀라.

앞서 전 국민을 대상으로 판매할 수 있는 상품은 '지역'을 제한하고 '시장'을 넓혀야 한다고 했다. 하지만 특정 고객을 상대로 특정 상품을 판매해야 하는 경우는 '시장'을 제한하고 '지역'을 넓혀야 한다.

나는 노란우산공제를 판매하기 시작하면서 대한민

국 전국 어디든 돌아다니지 않은 곳이 없다. 도시 뿐만이 아니라 면 단위의 작은 곳까지도 모두 들렸다. 약국이 2개 이상 있는 지역이라면 모두 내 사업장이었다. 처음에는 노란우산공제를 판매하기 위해 무작위로 아무 곳에나 들어가 안내를 했다. 그러다가 대상 고객을 한정하고 세일즈를 해 보자는 생각이 들었다. 다른 사업자에 비해 여유가 있고 노란우산공제가 반드시 필요한 병원과 약국을 대상으로 하기로 했다. 노란우산공제와 같이 하나의 상품으로 재구매가 이뤄지지 않는 경우라면 최대한 빨리 해당시장을 선점해야 했기에 나는 서둘러 내 지역을 넓혀나가기 시작했다.

처음에는 전라북도를 시작으로 충청남도, 경상남도, 충청북도, 경기도, 경상북도, 전라남도, 제주도를 돌았다. 그야말로 전국일주인 셈이었다. 전국일주라고 해도 1년 안에 같은 곳을 최소한 3번은 방문할 수 있었다. 거리에 따라 조금 힘은 들 수 있지만 마음만 먹으면 우리나라 어디든 당일치기로 왕복이 가능할 만큼 가까워서 가능했던 일이다.

어느 도시의 의사나 약사를 고객으로 삼게 되면 이제 전국구에 나의 고객이 생기는 거라고 생각하면 된다. 서울에서 대학을 나왔건 지방에서 대학을 나왔건 의대나 약대출신들은 전국에 퍼져서 일을 하고 있다. 그리고 졸업한 이후에도 끈끈한 동기관계를 유지하고 있다. 한 마디로 내 고객의 동기와 선후배들이 전국에서 일을 하고 있다는 말이다. 그러니 한 곳에만 머물러 있을 수 있겠는가? 우리나라 모든 곳이 나의 사업장이 되는 셈이다.

특히 고가의 장비, 의료기기, 고부가 가치 아이템으로 세일즈를 한다면 지역을 넓히는 데 더 주력해야 한다. '지역'을 제한하고 '시장'을 넓히라고 했던 상품 중에서도 특화시킨 고급세일즈는 지역을 넓히는 게 좋다. 외국계보험사들이 종신보험으로 활개를 치던 1990년 후반이나 2000년대 초반은 외제차를 몰고 전국을 돌아다니던 보험세일즈맨들이 많았다. 그들은 전문직 종사자들을 집중 겨냥했고, 그렇게 고객으로 만난 전문직 종사자들로부터 소개를 받아 전국을 무대로 뛰게 된 것이다.

지금 내가 판매하고자 하는 상품이 무엇인지에 따라 시장을 정해보자. 특정 고객층을 대상으로 하는 상품이라면 꾸준히 지역을 넓혀 나가야 한다. 현재 있는 위치에서 가까운 도시로 이동을 하고 그 도시에서 또 가까운 도시로 순차적으로 이동해야 한다. 또는 처음부터 큰 시장을 목표로 해서 서울과 부산 등 광역시를 먼저 공략하는 방법이 있다. 단, 주의해야 할 것은 지역을 넓히며 다닐 때 발생하는 지출비용이다. 특히 대도시의 경우에는 주차와 교통문제가 심각하다. 세월아 네월아 하면서 먼 거리를 이동만 하고 별 소득 없이 시간만 낭비해서는 안 된다.

앞서 언급한 대로 우리나라는 다른 나라에 비하면 매우 작다. 하지만 다르게 생각하면 둘러 볼 곳이 너무 많아서 넓다고도 할 수 있다. 나의 지역을 넓히며 매출이 늘다보면 점점 이 전국을 돌아다니는 시간이 일이 아닌 여행으로 느껴지게 될 것이다. 과거를 그대로 간직한 것 같은 마을에서 하루를 보낼 수도 있고, 빌딩으로 뒤덮인 신도시에서 하루를 보낼 수도 있다. 그 지역의 음식을 맛보고 그 지역의 매력을 느끼며 전국여행을 하는 기분이 들 것이다. 그러다보면 자연스럽게 지역의 특색도 파악할 수 있게 되고 이는 그 지역 사람들을 상대로 영업하는데 굉장한 도움이 된다. 일도 하고 여행도 하고 일석이조가 아닌가!

난 그렇게 일하는 즐거움을 느끼며 전국에 많은 고객을 만들었다. 지금은 전국에 어디를 가도 날 아는 사람들이 있다.

이 글을 읽고 난 후에는 머릿속으로 정리를 해 봐라.

'현재 내가 팔고 있는 상품은 이것이고, 이 상품은 주로 누가 찾을 것이다.'

고객을 누구로 삼을 것인지 정했다면 이제 전국에 있는 내 고객들을 만나러 떠나면 된다. 그리고 즐기면 된다.

/09/ 동업으로 3배 실적 올리기

하루 평균 운전 거리 500km. 하루 평균 사업장 방문 50여 곳.

이렇게 매일같이 세일즈를 한다고 생각해 봐라. 상상도 할 수 없을 정도로 힘든 일정이다. 그런데 나는 이 일정이 힘들기는커녕 즐겁기까지 했다. 어떻게 그게 가능하냐고 믿을 수 없다고 말하고 싶은가? 혼자라면 당연히 불가능하다. 하지만 둘이라면 가능하다.

혼자서 이 강행군을 매일같이 했다면 나는 얼마 못가 두 손 두 발 다 들었을 것이다. 하지만 둘이서 함께 움직이니 피로는 줄어들고 수입과 일하는 재미는 늘어났다. 흔히 이런 것을 시너지효과라고 한다. 하나의 기능으로 큰 상승효과를 보는 것이 바로 시너지효과이다. 나는 동업으로 하나 더하기 하나가 둘이 아닌 셋, 넷이 될 수 있다는 것을 배웠다. 나에게 동업은 최고의 시너지 효과였다.

이렇게 동업하는 것이 얼마나 좋은 지 잘 알기에 나는 늘 보험회사 강의 때마다 이 부분을 강조하고는 했다. 하지만 대부분의 세일즈맨들은 내 경험담에만 관심을 보일 뿐 실행에 옮기지는 않는다. 그 이유는 동업 자체에 대한 거부감이 있기 때문이다. 사실 동업은 남의 보증을 서주는 것만큼이나 위험하다는 말을 한번쯤을 들어봤을 테니 당연한 현상일 수 있다. 하지만 나는 세일즈 동업이 얼마나 행복하고 재미있었는지 직접 경험해 본 사람으로 자신 있게 권할 수 있다.

'관포지교(管鮑之交)'를 떠올려보자.

중국 제나라의 관중과 포숙아는 둘도 없는 친구였다고 한다. 그 두 사람이 함께 장사를 했는데 관중은 포숙아보다 더 많은 이익을 가져갔다. 하지만 포숙아는 그런 관중에게 불만을 가지지 않았다. 관중이 포숙아보다 형편이 더 어렵다는 것을 잘 알고 있었기 때문이다.

또, 관중은 벼슬에서 몇 번이나 물러나야 했는데 포숙아는 이런 관중을 무능하다고 생각하지 않았다. 사람이 운이 좋을 때도 있고 불운할 때도 있다고 생각했기 때문이다. 전쟁이 나서 함께 출병을 했을 때 관중이 세 번이나 도망을 쳤지만 포숙아는 그를 비겁하다고 말하지 않았다. 관중에게는 늙은 어머니가 있다는 것을 알았기 때문이다. 훗날 '춘추오패'의 한 사람이 된 환공을 도와 대정치가가 된 관중은 이렇게 말했다. '나를 낳아준 사람은 어머니이지만, 나를 알아준 사람은 포숙아이다.'

이처럼 우정이 돈독한 사이를 '관포지교'라 하는데, 이 같은 우정을 갖고 있는 사람과 동업을 한다면 더할 나위 없이 좋다. 그리고 서로 비슷한 능력을 갖고 있는 사람보다는 서로에게 없는 능력을 갖춘 사람끼리 힘을 모아 동업을 하는 것이 더 좋다. 나의 경우는 친구가 잡아 놓은 영업코스로 운전을 해서 가면 내가 현장에 방문해 영업을 하는 식으로 일을 했다. 내가 자신 있었던 세일즈의 기술은 친구의 운전 실력, 관리능력과 합쳐져 더 큰 힘을 발휘했다. 혼자서 직접 운전을 하며 다닐 때는 주차문제나 다음 목적지 스케줄을 잡는 데 시간과 돈을 많이 썼었다. 하지만 친구가 운전을 하니 주차단속 문제도 피할 수 있었고 나를 기다리는 동안 친구가 짜 놓은 스케줄에 따라 다음 목적지로 이동을 하니 시간과 돈을 많이 아낄 수 있었다.

우리는 계약을 통해서 받은 수입금을 절반으로 나누고 지출도 절반으로 나누어서 계산을 했다. 늘 밖에서 일을 하다 보니 식사도 혼자서 하고, 지방에 내려갔다가 늦어지면 모텔에서 혼자 잠을 자서 많이 외로웠다. 하지만 동업을 시작하면서 친구와 식사도 함께 하고 잠도 함께 자니 외롭지도 않았고 피곤하지도 않았다.

어떤 상품이든지 동업은 할 수 있다. 혼자 다니면 생길 수 있는 위험불안요소가 절반이 되고 시간과 돈을 아끼며 수입을 올리니 그야말로 일석이조이다. 하지만 앞서 말했듯이 대부분의 세일즈맨들은 이 이야기를 듣고도 동업을 꺼려한다. 수입을 절반으로 나누는 것도 싫고 믿고 함께 할 사람이 없다고 말한다.

하지만 한 가지 예를 들어 생각해보자. 당신이 보험세일즈를 한다고 했을 때, 보험을 아는 사람한테 판매하는 것은 엄연히 한계가 있다. 또 아는 사람이라고 해도 잘 가입하려고 하지 않는다. 요즘 고객들은 아는 사람이라 하더라도 충분히 검토하고 비교한 후에 보험에 들려고 하기 때문이다. 그러니 둘이 힘을 합쳐야만 한다. 한 명은 이미 알고 있는 고객들을 관리하고 한 명은 새로운 고객을 찾아내야 한다.

함께 근무하고 있는 동료들을 한 번 살펴보자. 어떤 동료는 꼼꼼하고 자료 정리를 잘하지만 실적은 좋지 못하다. 또, 어떤 동료는 털털하며 사교성이 좋지만 실수가 잦다. 자, 만약 이 둘이 하나로 뭉쳐 일을 한다면 어떻게 될까? 장담하건데 둘이 동업을 한다면 200%이상의 실적은 올릴 수 있다. 털털하고 사교성이 좋은 동료는 현장에서 계약을 잘 해 오지만 실수가 잦아 고객들로부터 항의가 많고 지속적인 관리가 잘 안 된다. 그럼 비록 계약 건수는 적지만 꼼꼼하고 자료 정리를 잘 하는 동료가 이를 관리해 주면 된다. 실제로 실적이 좋은 고소득세일즈맨들은 고객관리를 위해서 따로 비서를 두기도 한다. 하지만 비서는 수동적인 업무를 할 뿐이다. 비서의 고객은 아니기 때문이다. 하지만 동업자는 다르다. 계약을 해서 확보된 고객은 둘 모두의 고객이 되는 것이다.

천만 원 벌던 세일즈맨에게 동업을 해서 오백만원으로 수입을 나눠가지라고 하면 당연히 누구나 동업을 안 하려고 할 것이다. 하지만 서로를 믿고 함께 잘 될 것이라는 확신이 있다면 동업을 추천한다. 세 달 안에 현재의 수입을 능가하게 될 것이기 때문이다.

어떤 길이든 혼자보다는 둘이 좋다. 이 글을 읽고 있는 고독한 세일즈맨들이여. 누구보다 서로의 상황을 잘 이해하고 마음을 나눌 수 있는 그런 친구를 꼭 만나 성장의 기쁨까지 누릴 수 있게 되기를 바란다. ☂

/10/ 순간순간이 기회다.

나는 기회만 되면 틈틈이 책을 읽는다. 누군가는 멀미가 나서 못한다고 하지만 나는 전철과 버스에서도 책을 잘 읽는다. 엘리베이터를 기다리는 시간도 식당에서 음식을 주문하고 기다리는 시간도 나에게는 책을 읽을 수 있는 최고의 기회이다. 심지어 손에 책이 들려있다면 횡단보도 신호 대기 중에도 책을 읽는다.

세일즈 일을 하면서부터는 책 대신 명함과 홍보지를 들고 다녔다. 독서를 할 때처럼 때와 장소를 가리지 않고 명함과 홍보지를 사람들에게 나누어 주었다. 물론 아무에게나 준 것은 아니다.

횡단보도 앞에 서서 신호를 기다리고 있다 보면 누군가와 통화를 하는 사람들이 종종 있다. 그럼 나는 그 통화 내용을 주의 깊게 들어보고 현재 내 상품을 쓸 만한 사람인가를 판단해 본다. 한 번은 이런 경험을 한 적이 있었다. 여느 때처럼 횡단보도 앞에서 신호를 기다리며 명함과 홍보지를 나눠주고 있는데 어떤 사람이 직원으로 추정되는 이와 세금 이야기로 통화를 하고 있었다. 나는 그 사람의 통화가 끝나자마자 내 명함과 홍보지를 주며 안내를 했다. 그러자 그 사람은 안 그래도 가입할 곳을 찾고 있었다면서 나에게 계약을 했다. 기막힌 우연의 일치라고 생각하는가? 아니다. 순간의 기회를 놓치지 않았기에 가능한 일이다.

횡단보도 앞에서 계약을 한 경험은 그 밖에도 여러 번 있었다. 한 번은 유모차를 끌고 신호를 기다리던 아주머니 셋이 세금 때문에 짜증난다는 이야기를 하는 것을 들었다. 이런 이야기를 듣고도 세일즈를 하지 않는다면 그것은 명백한 근무태만이다. 나는 곧바로 내 명함과 홍보지를 주며 안내를 했고 그 세 명 중에 두 명이 나와 계약을 했다.

횡단보도 뿐만 아니라 엘리베이터도 좋은 영업의 기회를 준다. 6층 사업장을 방문하고 내려오는 길에 5층에서 엘리베이터를 탄 의사와 만난 적이 있었다. 의사 가운을 입고 있었으니 분명히 의사일 거라고 생각을 하고 내 명함과 홍보지를 주었다. 그 뒤로 어떻게 되었겠는가? 그 의사는 나에게 연락을 했고 계약은 체결되었다.

심지어 내 차의 엔진오일을 갈기 위해 카센터를 찾아갔을 때도 나는 그냥 지나치지 않았다. 장황한 설명도 필요 없고, 반복적인 방문도 필요 없는 순간의 기회들을 나는 놓치지 않았다.

또한 나는 고객들이 스쳐 지나가듯 말하는 이야기들도 절대 그냥 흘려듣지 않았다. 특히나 어디 협회의 모임이 있다는 날에는 시간과 장소를 가리지 않고 찾아갔다. 150명이 모인 상인연합회가 열린다는 이야기를 듣고 그곳에 찾아가 브리핑을 하기도 했다. 그 날 비록 5만 원 짜리 계약 한 건만 나왔지만 실망할 필요는 절대 없었다. 이 한 명이 여러 명을 모아서 다시 연락을 해 왔기 때문이다. 물론 이런 일들이 매번 있는 것은 아니다. 수십 명, 수백 명이 모인 모임에서도 한 건의 계약조차 나오지 않는 날도 있다. 하지만 당장의 계약이 없을지라도 어떠한가! 그들 모두는 나의 잠재고객이 된 것이다. 언젠가 정말로 가입이 필요한 날이 오면 그날 내가 나눠준 명함과 홍보지를 기억해 줄 것이다.

기회는 돈이 들지 않는 로또와 같은 것이다. 로또가 한 방에 나에게 엄청난 행운을 가져다주듯이 기회를 잘 모으고 있으면 언젠가 나에게 로또당첨과 같은 일이 일어날 것이다. 언제까지 나는 성공할 기회가 없었다고 탄식만 할 것인가? 기회는 바로 지금 당신이 있는 장소, 당신이 지금 쓰고 있는 시간에 있다.

머리를 자르려고 미용실에 갈 때도, 밥을 먹기 위해 식당에 갈 때도, 진료를 받기 위해 병원에 갈 때도 항상 명함과 홍보지를 소지하고 다녀라. 친구는 물론이고 나의 아이들에게도 명함과 홍보지를 주며 내가 하고 있는 일이 무엇인지를 자랑스럽게 말해줘라. 나와 가까운 사람들이 내가 이 일을 자랑스러워한다는 것을 알게 되면 자연스럽게 다른 사람의 소개로 이어지게 된다. 내가 이 일을 힘들어하고 부끄러워한다면 그 누가 소개를 시켜주고 싶겠는가? 내가 세일즈를 즐거워하면 날 보는 사람들 역시 즐거워지는 것이다. 나를 즐겁게 해 주는 세일즈에 대해서 사람들 역시 호의적인 태도를 갖게 될 것이다.

사람들이 많은 곳으로 들어가 일부러라도 만나고, 틈 나는 대로 만나고 나의 상품을 전해야 한다. 그리고 내가 누구를 만났는지를 꼭 메모해 두어라. 그 사람과 나는 이제 구면인 사이가 되고 계약 이야기를 하기가 훨씬 더 수월해 진다. 기억해라. 순간의 기회는 영원한 성공이 되어서 돌아온다. 그리고 이 순간의 기회는 당신 스스로가 만들어 낼 수 있다는 것을.

/11/ 당신은 지금 세일즈 성공에 얼마만큼 간절한가?

세일즈를 시작하기 전 먼저 스스로에게 얼마만큼의 간절함이 있는지 살펴봐야 한다. 내가 이 일을 그저 대충 하려고 하는 건지 아니면 정말 이 일이 아니면 안 된다는 간절함이 있는 건지 스스로에게 물어봐라. 세일즈로 성공하고 싶다는 간절함, 세일즈가 아니면 안 된다는 간절함이 있어야만 당신은 앞으로 세일즈맨의 길에서 만나게 되는 각종 어려움을 이겨낼 힘을 갖게 된다.

미국의 세일즈맨 빌 포터가 쓴 책「Doot to Door」를 읽어 본 적이 있는가? 빌 포터는 미국의 왓킨스사에서 30년 간 최고 판매 왕에 오른 전설적인 세일즈맨이다. 그에게는 뇌성마비와 언어장애라는 신체적 결함이 있었다. 자신을 돌봐준 홀어머니가 병으로 요양시설에 들어가게 되자 빌 포터는 혼자의 힘으로 생존해 나갈 수밖에 없었다. 비록 자신에게 큰 장애가 있었으나 그는 자신이 하는 일에 대한 열정이 있었고 생존에 대한 간절함이 있었다. 빌 포터는 그 불편한 몸으로 하루에 8시간 이상, 15km를 걸어 다니며 100여 곳의 집을 방문하는 일을 30년 간 빠짐없이 해냈다고 한다. 물러설 수 없는 절실함이 있었기에 그의 열정이 더 빛을 발한 것이다.

그의 책에는 '장애라고 생각하는 것, 그것이 장애입니다.' 라는 말이 있다. 빌 포터에게 자신에게 장애가 있는 것들을 죄다 말해달라고 하면 그는 힘을 잔뜩 주어 대답한다고 한다.

"도대체 몇 번이나 말해야 알아듣는 거야? 장애가 되는 건 아무 것도 없어. 그러니까 다른 질문을 해."

그렇다. 그에게는 장애가 되는 것은 아무 것도 없었다.

그렇다면 우리는 어떤가? 고객이 거절을 할까봐 미리부터 겁을 먹고 그 선을 넘지 않으려는 마음의 장애를 갖고 있지 않은가?

나도 어릴 적 앓은 소아마비로 인해 걷는 것이 남들에 비해 조금 불편하다. 하지만 남들이 다리를 왜 저느냐고 물어보면 그제야 내가 소아마비라는 것이 생각날 정도로 이제는 너무나 익숙해진 부분이고 사소한 문제이다. 남들은 이런 내가 불편해 보이겠지만 내 다리는 오히려 나에게 늘 용기를 주는 친구와 같은 존재이다.

'그래. 부족하고 불편해 보인다는 이유로 나를 안타깝게 여기는 사람들 앞에서 내가 더 열심히 해내보자. 그러면 언젠가 더 큰 영광이 돌아올 거야.'

나는 언제나 당당히 걷기 위해 애쓴다. 한 발 한 발 내딛을 때마다 이렇게 다짐하며 걷는 것을 사람들은 모를 것이다. 나는 걷는 동안 힘을 주어 주문을 외운다.

'남들이 보기에는 내가 걷는 모습이 정말 위풍당당해 보일 거야.' 이 주문을 외며 걷다보면 나도 모르게 에너지가 생겨난다.

세일즈를 처음 시작했을 때는 마치 중학교 시절 여학생들 앞을 지나가야 할 때와 같은 창피함이 밀려왔었다. 나를 모르는 남의 사업장에 초대받지 않고 불쑥 들어간다는 것이 창피했고 막상 들어가서도 얼굴이 화끈거려서 말만 더듬다가 그냥 나왔던 기억이 많다. 하지만 시간이 흐르면서 몸의 장애가 익숙해지고 사소한 문제가 되어 가듯이 고객의 거절에 대한 마음의 장애도 익숙해지고 사소하게 지나칠 수 있게 되었다.

나는 학업으로 얻은 지식도 부족한 사람이었다. 사업장에 가면 나 보다 훨씬 더 많이 배우고 똑똑한 고객들이 있는데 그렇다고 해서 또 다시 물러나야 할 것인가? 그렇지 않다. 비록 고객들보다 내가 가방 끈이 짧다고 해도 상품에 대해서만큼은 고객들보다 내가 더 많이 알고 있었다. 내가 판매하는 상품에 대해 자신 있고 정확하게 설명할 수 있다면 고객들은 우리를 적어도 그 상품에 한해서는 박사로 인정해 줄 것이다.

이 모든 것은 내 삶과 성공적인 세일즈에 대한 간절함이 있었기에 가능했던 것이다. 고객은 세일즈맨이 얼마만큼의 간절함을 갖고 진정성과 열정으로 세일즈를 하는 지를 보고 있다. 그러므로 진정한 세일즈맨이 되고 싶다면 판매하는 제품이 아니라 바로 자기 자신을 팔 수 있어야 한다. 자기 자신을 팔겠다는 간절함이 없는 세일즈맨들은 포기도 훨씬 빠르게 한다. 현장을 다니며 경험한 기록으로 통계를 내보니 명확해졌다.

- 방문횟수로 본 단념과 성공률 -

1회 방문으로 단념과 성공 99% 1%
2회 방문으로 단념과 성공 90% 10%
3회 방문으로 단념과 성공 82% 18%
4회 방문으로 단념과 성공 75% 25%
5회 이상 방문으로 단념과 성공 50% 50%

실제로 많은 세일즈맨들이 1회 방문을 끝으로 재방문을 하지 않는다. 처음 방문 때 상처를 입었기 때문이다. 나도 몹시 기분나쁘게 했던 사업장은 메모를 해 다시는 안가리라고 다짐하며 재방문을 하지 않은 곳이 더 많다. 그런데도 깜빡 잊고 재방문해서 성공한 경우도 있다.

통계에서 알 수 있듯이 방문이 많아질때마다 성공확률이 높아지는 것은 확실하다. 고객의 거절은 지극히 단순하고 의미가 없는 경우도 많다. 그렇게 이유없는 거절에 발길을 끊어버리는 세일즈맨 덕에 어부지리로 얻은계약이 많았음을 밝힌다.

<포브스>지가 선정한 세계 10대 세일즈맨의 한 사람인 엘머 레터만은 그가 영업을 하면 돌멩이도 상품으로 변한다는 속설까지 있을 정도로 영업계의 독보적인 존재로 알려져 있다. 그는 「거절당한 순간 영업은 시작된다.」라는 책에서 다음과 같은 말을 했다.

"세상에 완전무결한 사람은 없다. 우리는 어딘가에 단점이 있고 약점이 있다. 나는 가끔 귀가 멀어 소리가 잘 들리지 않는다. 정확하게 말하면 나는 심리학자가 말하는 이른바 '심인성 부분 귀머거리'이다. 즉, 단어 중에 전혀 귀에 들어오지 않는 단어가 있다. 우스운 이야기지만, 나는 상대방이 'No'라고 하는 말 즉, '필요 없습니다.' 라든지 '많이 있습니다.'라는 말은 잘 들리지 않는다. 처음 세 번 정도의 'No'는 전부 귀에서 제거해 버린다. 들었는지 말았는지 쇠귀에 경 읽기로 아무런 반응을 보이지 못한다. 네 번째 'No'라고 했을 때 처음으로 귀에 약간의 진동을 느낀다. 이것으로 겨우 뭔가 말을 했구나 하고 눈치를 챈다. 하지만 이것도 '말씀하시는 것을 잘 모르겠는데 자세하게 들을

수 있을까요?'라고 말한 것처럼 들린다. 이것이 'No'라고 하는 단어가 나에게 의미하는 전부다."

엘머는 자신이 '심인성 부분 귀머거리'라고 할 정도로 'No'에 대해서만큼은 안 들린다고 말했다. 엘머에게는 거절이라는 말 자체가 아예 없는 셈이다. 세일즈에 대한 간절함이 있기에 이제는 고객이 말하는 거절조차 안 들리는 것이다. 그렇다면 나는 한 술 더 떠서 말하고 싶다. 세일즈에 성공하고 싶은가? 그렇다면 당신도 간절한 마음으로 이렇게 생각해라.

저 고객은 '심인성 부분 말더듬이'라서 진짜 속마음은 거절이 아닌데 발음이 잘 못 한 것이다. 그리고 나는 '심인성 부분 귀머거리'라서 고객의 거절은 듣지 못한다. 사랑하는 여인의 마음을 얻기 위해 눈물로 기도하고 간절하게 사랑을 호소해 본 경험이 있는가? 그렇다면 지금 당신이 세일즈로 성공하고 싶은 만큼 간절하게 생각하고 간절하게 움직여라. 딱 당신이 간절한 만큼 실적이 돌아올 것이다.

"거절과 도전은 마치
동전의 앞뒷면과 같은 것 이다.
거절의 한 면만을 보고
기겁해 도망가지 마라"

Part.3

거절, 이제부터 시작이다!

/part 03/

거절, 이제부터 시작이다!

거절과 도전은 마치 동전의 앞뒷면과 같은 것이다.
거절의 한 면만을 보고 기겁해 도망가지 마라.

/01/ 복명복창(復命復唱)의 마술

복명복창이란?
① 상관이 내린 명령이나 지시 내용을 확인하는 뜻으로
  그것을 되풀이하여 말함
② 확인하는 뜻으로 반복하여 말하다.

군대를 다녀온 남자들이라면 기억날 것이다. 큰 소리로 상관의 이야기를 그대로 따라하는 게 바로 복명복창이다. 이 복명복창이 세일즈에는 마술과 같은 것이다.

세일즈맨에게 가장 큰 어려움은 바로 소비자의 거절이다. 소비자에게 있어서는 무언가를 구입한다는 것이 쉬운 결정이 아니다. 그러다보니, 일단 거절하는 것이 몸에 배어 있다. 고객들은 거절을 하고 우리 세일즈맨들은 그 거절을 어떻게 처리해야 할지 생각해야 한다. 거절처리를 잘해내면 수많은 예비고객들을 내 고객으로 만들 수 있다.

그렇다면 최고의 거절처리 방법은 무엇일까? 바로 복명복창이다. 복명복창은 고객의 말을 내가 주의깊게 듣고 있다는 것을 보여주는 가장 좋은 방법이다. '세일즈맨인 나는 지금 고객님 의견을 정확히 들었고, 이렇게 말하는 겁니다.'라고 말이다.

박현찬, 조신영 공저인 「경청」에서는 이런 이야기가 나온다.

'이청득심(以請得心) 즉, 귀 기울여 듣는 것은 사람의 마음을 얻는 지혜라는 뜻입니다.

장자는 '음악 소리는 텅 빈 구멍에서 나온다.'라고 했습니다. 악기나 종의 소리는 그 속이 비어 있기 때문에 공명이 이루어져 우리 귀에 좋은 소리로 들리게 됩니다. 사람의 공명통은 마음입니다. 사람의 마음을 비우면 참된 소리가 생겨난다는 뜻입니다. 텅 빈 마음을 가졌을 때, 비로소 우리는 상대방과 대화를 할 준비가 되는 법이지요. 그렇게 되면 대화 속에서 진실의 목소리를 듣게 됩니다.'

귀를 기울여 상대방의 이야기를 듣는 것만으로 사람의 마음을 얻을 수 있다고 한다. 고객의 말에 귀를 기울이고 진실한 대화를 나누고자 노력한다면 지금은 거절을 당할지라도 그와 좋은 관계로 다음을 기약할 수 있을 것이다.

복명복창으로 얻게 되는 좋은 결과에 대한 재미있는 발표가 있어서 소개한다.

미국에서 소비자 행동을 연구하는 마이클 린 교수가 말한 「뛰어난 웨이터 십계명」이라는 책에서는 손님의 주문 내용을 따라서 말하라고 한다. 웨이터가 팁을 많이 받는 열 개의 항목 중 팁을 가장 많이 받는 부분이 바로 복명복창이라고 한다. 손님이 하는 말을 듣고 똑같이 따라 한 번 더 말해주는 것이 좋은 인상을 남겨 다른 항목에 비해 팁을 두 배나 받을 수 있다니 놀라운 일이다. 그런데 여기에서 팁을 더 받고자 하는 웨이터와 계약을 하고자 하는 세일즈맨 사이에 차이가 있다. 웨이터는 주문한 내용을 그대로 따라서 말하는 것으로 끝나는 반면에 세일즈맨은 한 번 따라서 말한 후, 고객에게 질문을 던져야 한다는 것이다. 그 질문은 Yes나 No로 끝날 수 있는 질문이 아니라 계속해서 대화가 오고갈 수 있는 것이어야 한다. 레스토랑을 찾은 고객을 대하는 웨이터와 세일즈맨을 예로 들어보자.

고　　　객 : 오늘 이 집에서 추천하는 요리로 가지고 와주세요.
웨　이　터 : 네. 오늘 저희 집에서 추천하는 요리로 가지고 오라는 말씀이시죠? 오늘은 ○○으로 만든 ○○요리를 가장 추천해 드리고 싶습니다.
세 일 즈 맨 : 네. 오늘 저희 집에서 추천하는 요리로 가지고 오라는 말씀이시죠? 혹시 오늘이 특별한 기념일이거나 좋은 일이 있으셨다면 말씀해주시겠어요? 말씀해 주시면 조리장에게 전달해서 특별한 메뉴를 안내해드리도록 하겠습니다.

세일즈맨의 이 복명복창은 손님의 주문량을 늘리거나 더 비싼 음식으로 주문하게 할 수 있다. 받은 질문을 똑같이 따라하고 또 다른 질문을 얹어서 고객에게 질문하는 것이 세일즈맨이 해야 할 복명복창인 것이다.

실제 대부분의 고객들의 거절은 뚜렷한 거절의지에서 나왔다기보다는 순간적인 구매 욕구를 자극하지 못했다고 판단해서 그 욕구를 이겨내기 위한 방어책이라고 할 수 있다. 그러므로 그 구매 욕구를 다시 살리는 질문이 필요한 것이다. 세일즈맨들은 늘 거절화법을 준비해두고 있어야 한다. 다음은 세일즈맨들이 일반적으로 받는 거절의 순간들과 이에 대한 처리를 다룬 예문이다.

거절 1. 고　　　객 : 지금은 돈이 없어서 못 하겠어요.
처리 1. 세 일 즈 맨 : 아! 네. 지금은 돈이 없으시다는 말씀이시죠?
처리 2. 세 일 즈 맨 : 그렇다면 고객님, 언제쯤 돈이 생겨서 구입하실 수 있으세요?

거절 2. 고　　객 : 아내와 상의해 본 다음에 할게요.
처리 1. 세 일 즈 맨 : 아! 네. 사모님과 상의 해 본 다음에 결정하시겠다는 말씀이시죠?
처리 2. 세 일 즈 맨 : 당연히 그렇죠. 이렇게 중요한 문제는 사랑하는 사모님과 꼭 상의하셔서 결정하셔야죠. 그런데 혹시 사모님이 반대하셔도 사장님 혼자 결정하시는 경우도 있으시죠?

거절 3. 고　　객 : 싸게 주시면 생각해 볼게요.
처리 1. 세 일 즈 맨 : 아! 네. 현재 가격으로는 비싸다는 말씀이시죠?
처리 2. 세 일 즈 맨 : 현재 이 가격이 비싸다고 하셨는데, 고객님 생각으로는 얼마 정도 책정되면 좋을 거 같으세요?

거절 4. 고　　　　객 : 더 알아보고 할게요.
처리 1. 세 일 즈 맨 : 아! 네. 더 알아보고 구입을 결정하시겠다는 말씀이시죠?
처리 2. 세 일 즈 맨 : 작은 물품 구입할 때도 고민해야 하는데 이렇게 중요한 결정은 차근차근 알아보시는 게 맞죠. 그런데 고객님, 혹시 너무 신중하게 생각했다가 기회를 놓쳐서 후회한 경험은 없으세요?

거절 5. 고　　　　객 : 아는 영업사원이 있어요.
처리 1. 세 일 즈 맨 : 아! 네. 아는 영업사원이 있으시다는 말씀이시죠?
처리 2. 세 일 즈 맨 : 아는 사람과 하면 편하고 좋겠지만 만약 그 사람과 사업적인 관계를 맺었다가 문제가 생기면 어떨까요?

　고객과 직접 대면을 하는 일대일 마케팅을 해야 하는 영업조직은 모두 복명복창이 중요하다는 것을 이론적으로는 알고 있다. 하지만 실제 현장에서는 이 복명복창이 적극적으로 활용되지 않는다. 하지만 복명복창은 분명한 마술이다. 어떤 거절이나 난처한 질문에도 복명복창만 하면 해결의 실마리가 보인다. 영업조직은 지속적인 교육을 통해 세일즈맨들에게 갖가지 거절처리화법을 알려주고 있다. 그 모든 거절처리화법의 뿌리에는 복명복창이 있다는 것을 알아야 한다.

고객의 말은 무조건 경청해라. 그리고 경청 뒤에는 정확한 발음과 미소 띤 얼굴로 고객의 말을 그대로 따라 말하며 물음표를 던져라. 고객의 말을 따라할 때는 그 말의 어투나 속도도 비슷하게 하는 것이 좋다. 고객이 뜸 들여 질문하거나 말끝을 흐리면 그것까지도 따라하는 게 효과적이다. 고객이 난처한 질문을 하거나 억지소리를 해도 당황하지 말고 복명복창해라. 고객으로부터 받은 질문을 똑같이 따라했을 뿐인데도 고객은 본인이 한 질문에 본인이 답하며 이야기를 이어나가게 된다. 내가 받은 난처한 상황을 고객에게 떠넘기고 나는 머릿속으로 그 다음 단계를 그려나가면 된다. 그러면 당신도 알게 될 것이다. 복명복창이 얼마나 매력적인 마술인지를. ☂

/02/ 고객에게 꽂힐 수 있는 딱 한마디를 찾아라.

고객이 듣자마자 계약을 하고 싶을 그런 솔깃해지는 말 한마디를 찾는 일은 어렵다. 하지만 고객의 마음을 얻을 그 한마디를 찾는다면 무주공산처럼 실적의 속도는 오를 것이다. 같은 상품을 오래 세일즈 했다고 해서 그 말을 찾을 수 있는 것은 아니다. 최대한 고객을 많이 만나서 어떤 말을 던졌을 때 반응이 좋은 지를 연구해야 한다. 나만의 딱 한마디! 고객이 정말 듣고 싶어 하는 그 딱 한마디를 찾아야 한다.

없던 말을 새로 지어내라는 것은 아니다. 누구나 쓸 수 있는 상투적인 말이지만 마치 나만 쓸 수 있는 말처럼 그렇게 입에 쫙 달라붙고 고객의 귀에는 착 감기는 그런 말이어야 한다. 윈스턴처칠은 '일반적으로 짧은 문장이 가장 좋고 그 중에서도 상투적인 표현의 문장이 제일이다.'라고 말했다.

우리는 지금 광고의 홍수 속에 살아가고 있다. 수 백, 수 천 개의 제품이 쏟아져 나오고 있고 회사들은 고객의 머리에 각인될 수 있는 카피를 만들어내느라 머리를 쥐어짜고 있다. 신문사와 잡지사는 수많은 경쟁업체에서 살아남기 위해 구독자들이 호기심을 갖고 볼만한 헤드라인 카피로 장식하고 있다. 세일즈맨들도 각자가 판매하는 상품을 알릴 수 있는 말을 만들어내야 한다. 세일즈맨이 방문했다는 것만으로도 불편해하는 고객들에게 언제 구구절절 상품을 설명하고 있겠는가?

나는 노란우산공제를 6년 동안 4만 번이 넘게 안내하고 다녔다. 1년으로 나눠 계산하면 한 해에만 6,700여 곳의 사업장을 방문하고 다닌 것이다. 한 달이면 500곳이 넘고 하루에 25곳을 방문해야 했다. 고객도 바쁘지만 다음 사업장으로 빨리 이동해야 하는 나 역시 바빴다. 길게 설명할 틈이 없었다. 처음에는 6하 원칙에 따라서 열심히 주저리주저리 설명을 다 했다. 하지만 그 긴 설명을 차분히 듣고 앉아 있어 줄 고객은 없다. (물론 계약을 하고 난 뒤에는 이런 충분하고 긴 설명이 필요하다.) 얼른 말 한마디를 던지고 고객이 관심이 없다고 판단이 되면 서둘러 나와 주는 게 서로에게 좋다. 고객이나 나나 시간 뺏기지 않고 다음을 기약할 수 있기 때문이다.

나는 1,500여 곳의 사업장을 방문하고 거절당하고를 반복하면서 나의 말 한마디를 찾아냈다. 바로 '세금'이라는 단어이다. 세금 때문에 걱정하는 고객층만을 대상으로 월별로 다른 인사말을 건네 고객들의 귀를 열게 했다. 다음은 월별에 따른 종합소득세에 관한 한마디이다.

+ 1월부터 3월까지 : 작년에 세금 잘 맞추셨나요?
+ 4월 : 다음 달에 세금신고 하셔야 하는데 올해는 어떠세요?
+ 5월 : 이번 달에 세금신고 하셔야 하는데 올해도 많이 나오셨죠?
+ 6월 : 지난달에 세금신고 잘 하셨나요?
+ 7월부터 8월까지 : 5월에 세금신고 잘 하셨죠?
+ 9월 : 내년부터는 세금 좀 덜 내셔야죠.
+ 10월 : 세금 줄이셔야 할 텐데 이제 시간이 세 달밖에 안 남았네요.
+ 11월부터 12월까지 : 지금 준비하셔야 세금 줄이실 수 있습니다.

세금에 관심이 많고 걱정하고 있는 고객들은 이 말 한마디에 일단 내 설명을 끝까지 들어보고자 했다. 이럴 때는 말 한마디를 더 추가한다.

'왜 은행마다 대형 현수막 걸어놓고 세금 공제하라고 하는 줄 아세요?'

이렇게 고객의 호기심을 자극할만한 말 한마디를 추가로 던지고 나면 이제 고객은 내 설명을 듣고자 자세를 바꾼다. 특히나 11월과 12월은 이 말 한마디를 던지기가 더 수월했다. 대한민국의 모든 금융기관에서 '13월의 월급, 마지막 찬스! 연간 4백만 원 소득공제!' 라는 말로 힘을 실어주었기 때문이다.

 소득이 많지 않아 세금 보다는 앞으로의 사업유지를 더 걱정해야 할 것 같은 업체를 방문하면 압류금지와 퇴직금에 관한 말을 던졌다. 실제 많은 사업자들이 과거에 부도어음을 받아봤거나 현재 어음을 발행 중이라 압류에 대한 고민을 하고 있었기 때문에 내 말 한마디에 솔깃해 했다. 사업자들에게 퇴직금을 받을 수 있다는 것은 노란우산공제가 내세울 수 있는 전부나 마찬가지였기 때문에 퇴직금이라는 말은 절대 빼지 않고 했다. 그리고 소득이 많지 않은 사업장은 당장 매 달 나가는 돈 때문에 부담을 느낄까봐 적게는 5만원에서 10만원 까지만 저축을 할 수 있도록 말했다.

 현재 판매하고 있는 세일즈 상품의 품목이 딱 한 개라면 오직 그 상품에 맞춘 말 한마디를 찾으면 된다. 여러 상품을 판매해야 하는 세일즈맨에 비하면 훨씬 쉬운 일이 될 것이다.

 여러 싱품을 판매하고 있는 세일즈맨의 경우는 그 중 가장 자신 있는 상품 하나를 선정해서 그 품목의 1인자가 되도록 노력해 봐라. 보험의 경우가 그렇다. 종신보험, 연금보험, 화재보험, 암보험, 운전자보험 등 수 많은 종류의 보험 중에서 본인이 가장 잘 설명할 수 있는 보험 하나를 골라서 그에 맞춘 말 한마디를 찾으면 된다. 병원도 안과, 내과, 외과의 전문의가 따로 있듯이 보험도 암보험 1인자, 종신보험 전문가가 세워질 수 있다. 이것저것 어설프게 하는 것보다는 한 분야의 전문가가 되어 고객과 제대로 만나는 것이 더 좋다.

상품을 정했으면 그 상품이 세상에 나오게 된 배경과 경쟁상품을 연구해라. 그 상품이 필요한 고객이 누구일 지 생각하고, 그 고객에게 어떤 말을 할지 연구해라. 그리고 방문할 때마다 고객의 반응을 주의깊게 살펴봐라. 나의 말에 두 명 이상의 고객이 솔깃해 했다면 그 말을 다른 고객들에게도 반복해 봐라. 분명히 확률은 점점 높아질 것이다. 고객의 귀를 열게 할 딱 한마디를 찾은 순간, 당신은 계약의 절반을 해낸 것이다.

/03/ 거절당하는 순간에도 예의를 지켜라.

예의는 남과 화목함을 으뜸으로 삼는다.

- 논어

예의란 책임을 지지 않고 발행해도 되는 수표와 같다.
지키면 지킬수록 득이 될 뿐
나에게 아무런 해가 되지 않는다.

- 쇼펜하우어

우리나라는 '동방예의지국'이라는 이름에 걸맞게 예의를 참 중요하게 생각한다. 예의가 있고 없음에 따라서 그 사람의 인격과 나아가 그 집안까지 파악하는 게 우리나라 사람이다. 이처럼 중요한 예의는 세일즈맨이 갖춰야 할 기본 소양이다.

제자가 선생님에게, 자식이 부모에게, 후배가 선배에게 지켜야 할 예의가 있는 것처럼 세일즈맨이 고객에게 지켜야 할 예의가 있다. 세일즈맨의 예의가 있고 없음은 바로 기다림의 시간과 거절의 순간에 나타난다.

고객을 기다리다 못해 인내심이 폭발한 적이 있는가? 기다림을 참지 못해서 고객에게 예의 없게 굴어본 적이 있는지 점검해 보아라. 내가 아무리 바쁘다고 해도 고객들은 더 바쁘다. 병원, 약국, 미용실, 의류판매점, 제과점, 편의점, 물류센터, 소규모 제조업체 등등 내가 만나야 할 고객들은 유난히 더 바빴던 것 같다. 그러다보니 사업장에 방문해서도 너무 바쁜 모습에 말도 못 붙일 때가 많았다. 언젠가는 3시간 30분을 기다렸다가 고객을 만난 적도 있다. 한 시간 정도는 기본으로 생각하고 고객을 기다려야만 했다. 기다림을 참지 못해 고객이 한참 바쁠 때에 가서 영업을 한다거나 고객이 손님과 만날 시간을 가로채는 것은 정말로 예의에 어긋나는 행동이므로 주의해야 한다.

사업장에서 대기 중일 때 다른 업종의 세일즈맨들을 보는 일이 종종 있다. 외모도 깔끔하고 말도 잘하고 열정도 넘치는데 눈치가 없고 예의가 부족해서 쫓겨나는 경우가 허다했다. 상품과 시장 공략법에 대해서는 잘 알지만 고객을 만날 때의 예절교육을 제대로 받지 못해 고객의 눈총을 찌푸리게 하는 것이다. 이들 대부분은 주로 지인들에게만 영업을 하다 보니 상품의 사용법이나 혜택만을 강조할 줄 알고 상대방에 대한 예절은 부족한 것이다.

때로는 손님이 많을 시간임에도 불구하고 불경기로 인해 손님이 적은 업체가 있다면 그 시간에는 방문하지 않는 것도 예의이다. 손님도 없고 사업도 잘 안 되는데 영업을 한답시고 들어가 시간을 빼앗으면 오히려 속을 더 뒤집어놓는 꼴이 될 수 있다. 깜박하고 사업장에 들어갔어도 안내문과 명함만 놓고 나오면 된다.

실컷 오랜 시간 목이 터져라 상품에 대해 소개했건만 계약을 하지 않겠다는 고객이 있을 수 있다. 아예 설명조차 들어보지 않고 마치 나를 잡상인 취급하며 나가라고 하는 고객도 있을 수 있다. 이런 거절의 순간에도 세일즈맨들은 예의바른 모습으로 끝까지 고객을 대해야 한다. 나를 거절하는 고객의 마음도 편하지만은 않을 것이다. 그 불편한 상황 가운데에도 예의를 지키는 세일즈맨의 모습을 반드시 고객의 기억에 남겨야 한다. 그래야 다음 번에 또 방문했을 때 고객도 나도 서로 웃을 수 있다. 재방문에도 다시 한 번 거절당할 수 있다. 하지만 그럼에도 불구하고 한 번 더 예의바르게 고객을 대해라. 언젠가 계약이 필요한 순간이 온다면 예의를 지켜 자신을 방문해 준 세일즈맨을 기억할 것이다.

나는 세일즈 실력이 없다고 생각하는가? 예의도 실력이다. 남을 공경하고 배려해주는 일이 곧 예의이며 이것이 성공으로 가는 세일즈의 기술이다. 고객이 존중받고 있다는 느낌이 들도록 예의를 지켜라. 그러면 고객 역시 당신에게 예의를 지켜 대할 것이다. 내가 대접받고 싶은 만큼, 내가 계약을 해 내고 싶은 만큼 딱 그 만큼 예의를 지켜보기를 바란다.

/04/ 자동거절에는 자동응대로.

가망 있는 고객이 판매를 하는 과정 중 어느 시점에서 계약을 거절할지는 알 수 없다. 고객발굴단계에서 계약체결단계까지 어떤 단계에서 고객이 거절을 할 지 모르므로 이에 대한 응대는 상시 준비해두어야 한다. 우리는 거절응대를 준비하고 있지만 고객은 거절을 준비하고 있지는 않다. 거의 반사적으로 일단 거절을 하고 보는 것이다. 그런데 주의할 점은 만약 고객이 거절을 할 때 화가 나 있고 언성이 높아졌다면 억지로 웃으며 응대하지 말고 난감한 표정을 지으며 얼른 그 자리를 수습하는 것이 좋다. 그렇지 않을 경우에는 대부분 미소 띤 얼굴로 자동거절에 자동응대를 버벅 거리지 않고 해내야 한다.

 거절이란 놈이 많아 보이고 복잡해보여도 몇 개 안 되고 생각 외로 단순하므로 이 거절응대는 금방 배울 수 있다. 고객들이 어떤 식으로 자동거절을 하고 세일즈맨은 어떻게 자동응대를 해야 하는지 통째로 외워도 좋다. 앞 장에서 말한 복명복창을 기억하며 연습한다면 더 좋을 것이다. ☂

:: 자동거절과 자동응대 대화법

1. 오지마라. 바쁘다.

응대 바쁘니까 오지 말라는 말씀이시죠? 고객님께서는 그럼 언제 시간이 편하세요?
내일 오전이나 오후 아니면 모레는 시간이 어떠세요?

2. 가입하고 싶은 데 돈이 없다.

응대 가입하고 싶은데 돈이 없다는 말씀이시죠? 그래도 가입하고 싶으시다니, 제가 고객님께 제품에 대해 정확히 설명 드린 것 같아서 다행이고 감사합니다. 고객님께서 가입하고 싶은데 돈이 없다고 말씀하시니, 제가 지금 말씀드리는 것이 부담이 되시겠네요. 하지만 고객님 염려마세요. 지금 당장에 가입하라고는 말씀드리지 않겠습니다. 고객님께서는 지금 당장 돈이 없으신 거지 계속 돈이 없지는 않으실 겁니다. 그러니 나중에 필요하시면 가입하세요. 그리고 나중에라도 필요해서 가입하려면 제품 내용을 기억하셔야 하니까 제가 짧게만 안내를 해 드릴게요. 10분 넘기지 않고 안내해 드리겠습니다.

3. 잘 알고 있지만 필요 없다.

응대 잘 알고 계시고 필요 없다는 말씀이시죠? 제품에 대해 잘 알고 계시다니 참 다행입니다. 그럼 제가 길게 말씀 안 드려도 될 것 같네요. 대신 고객님이 알고 계신 거에서 변경된 사항만 안내해드리려고 합니다. 내일이 괜찮으세요? 아니면 모레가 좋으세요?

4. 아는 사람이 있어서요.

응대 아시는 분이 있으시다는 말씀이시죠? 저와 같은 일을 하고 있는 사람을 알고 계시다니 기분이 좋네요. 그럼 그 아시는 분을 통해서 제가 하고 있는 일이 어떤 것인지 잘 이해해주실 것 같네요. 고객님께서 먼저 아는 사람이 다른 곳에서 일하고 있다고 말씀해주셔서 마음이 더 편합니다. 그럼 저도 편하게 말씀드릴게요. 제 이야기 들으시면서 고객님이 아시는 분과 비교해 보시고 판단은 나중에 하셔도 됩니다. 아는 사이면 오히려 묻고 싶어도 물을 수 없는 게 있고 고객님 상황을 밝히기 힘든 부분들도 있거든요. 저랑은 오직 사업적인 관계만 맺게 되는 거니까 객관적으로 고객님의 상황을 들어드릴 수 있고 그에 맞게 제품을 설정해 드릴 수 있습니다. 또 그 분께는 들어보지 못한 새로운 이야기를 저에게 들으실 수도 있을 거구요. 실제로도 제가 아는 많은 고객 분들이 아는 사람과는 사업적인 이야기나 개인적인 문제를 이야기하고 싶어 하지 않거든요. 고객님은 어떠세요?

5. 무조건 싫다.

응대 고객님! 무조건 싫으시다는 말씀이시죠? 혹시 특별한 이유가 있어서 그러신 거라면 저에게 말씀해 주시겠어요? 저는 이 일을 사명감을 갖고 열심히 하고 있는데 제가 모르는 부분이 있어서 누군가에게 피해가 가는 일이 없는 지 확인하고 싶어서 그럽니다. 고객님께 도움을 좀 받고 싶네요. 제가 오랫동안 많은 고객님들을 만나면서 적지 않은 분들이 오해나 선입견으로 인해 세일즈맨들을 무조건 싫어하시는 경우가 종종 있었거든요. 고객님처럼 이렇게 무조건 싫다고 말씀하시면 권유하지는 않습니다. 다만 처음에는 무조건 거부하던 고객님들도 정확한 내용을 듣고 오해를 푸시더니 오히려 저에게 고마워하는 경우가 있었습니다. 지금은 소개까지 많이 해주고 계시구요. (확인해 보면 알 수 있다며 가입고객 리스트를 보여주기도 한다.) 오늘 저도 고객님께 가입권유는 하지 않고 정보만 안내해드리고 가겠습니다. 이 정보를 듣고 고객님이 필요로 하실 때 저를 다시 불러주시면 감사하겠습니다.

6. 흥미가 없다. 다른 곳으로 가 봐라.

응대 흥미가 없으니 다른 곳으로 가라는 말씀이시죠? 그런데 방금 전 갔던 곳에서도 고객님과 똑같이 말씀하셔서 이곳으로 왔는데요. 혹시 두 분이 짜고 이러시는 것은 아니죠? (눈을 마주보며 측은한 미소를 띤 얼굴로 이야기했는데 단 한 번도 고객이 기분 나빠한 적은 없었다. 오히려 내 말에 웃으며 이야기를 들어보겠다고 한 기억이 더 많다.) 이해가 됩니다. 오늘 하루 스팸전화와 문자에 시달리셨을 텐데, 저까지 나타났으니 오죽하시겠습니까. (고객들의 과반수가 이 말에 웃어주었다. 고객이 웃었다는 것은 이야기를 들어보겠다는 표현이다.)

거절을 거절하라

물론 제 생각에도 고객님께서 한 번에 흥미를 가지실 거라고 보지는 않습니다만. 놀랍게도 제 설명을 두 번 들어보시고 나면 저에게 미안하다며 설명해줘서 고맙다고 말해주는 고객님들을 많이 만나봤습니다. 제가 고객님께는 그런 생각 안 들도록 딱 한 번만 설명하고 끝내도록 하겠습니다. 괜찮으시죠? (이 멘트에 웃어준 고객들은 내 이야기를 끝까지 들어주고는 했다.)

7. 오늘은 너무 바쁘니까 다음에 오시겠어요?

응대 ① 오늘은 너무 바쁘니까 다음에 오라는 말씀이시죠? 급하게 필요하지 않고 지금 이 문제에 대해서 이야기하고 싶지 않으시다는 기분 충분히 이해합니다. 그런데 제가 지금 말씀드리려는 것은 정말 딱 10분이면 됩니다.

응대 ② 문 밖에서 사업장이 너무 바쁘다고 판단되면 고객이 이런 말을 하기도 전에 인사하고 안내문만 전달해주고 나오면 된다. "꼭 읽어보세요! 다음에 한가할 때 찾아뵙겠습니다."라고 큰 소리로 외친 후 다른 곳으로 이동해라.

응대 ③ 분명 별로 바빠 보이지 않는 사업장인데도 바쁘다고 말하는 고객들이 있다.

그럴 때 나는 이렇게 말했다.

"정확히 1분 40초. 그러니까 100초 안에 설명해 드리고 가겠습니다. 1초라도 길어지면 손해배상 청구하셔도 됩니다."

붉은 홍조를 띠고 당당한 자신감과 미소로 말해라. 그리고 고객이 대꾸할 틈도 없이 속사포처럼 설명하고는 "아직 백초 안 지났습니다."라고 말하며 웃어봐라. 그럼 그때까지 잠자코 있던 고객이 갑자기 탄성을 지르며 말할 것이다. "뭐라고요? 하나도 못 알아듣겠네요. 천천히 자세히 좀 말해 봐요." "예. 그럼 이번에는 자세하게 천천히 말씀 드리겠습니다. 이번에는 1분 40초가 지나도 손해배상은 하시면 안 됩니다." 그리고 준비한 대로 제품에 대한 상세한 설명을 해드리면 된다. 내가 바쁜 만큼 고객도 바쁘다. 그러니 최대한 짧은 멘트를 준비해 봐라. 백초의 기적이 일어날 것이다.

/05/ 4만 번의 도전, 4천 건의 계약

"가입하면 이제 안 찾아올 거지?"

"원하시면요."

"그럼 또 오게?"

"원하시면 한 번은 더 올 수도 있는데요."

"오지 마! 안 와도 돼!"

"예! 그렇게 하겠습니다. 여기에 사인하시면 됩니다."

"……."

"가입을 축하드립니다! 드디어 제 얼굴 이제 안 보셔도 됩니다. 서운하시죠?"

"응! 그럴 것 같네."

"안녕히 계세요. 보고 싶으면 연락주시고요."

"보고 싶기까지야……. 그냥 이 근처 지나가면 들려. 가!"

열 번 넘게 방문했던 약국에서 약사님과 나눈 대화 내용이다. 마치 스토커처럼 약국을 방문했지만 그래도 그 때마다 웃으며 편한 관계를 유지했으니 이런 대화가 오고갈 수 있었다.

한 사업체에 열 번이고 스무 번이고 끊임없이 재방문을 하며 고객을 만나야 했던 2007년, 2008년. 세무사무실에 문의를 해 봐도 노란우산공제와 같은 제도는 없다거나 모른다는 말을 들어야 했던 시절이다. 심지어 세금에 대해 잘 아는 전문직 사업자들조차 별도의 소득공제를 받을 수 있다는 것을 모르던 때였으니 오죽이나 더 했을까. 사업자들은 소득공제라는 것은 은행과 보험사, 증권사에서만 하는 줄 알고 추가로 받을 수 있다는 말은 들어본 적이 없었기에 나를 사기꾼으로 오해하고 문전박대하기 일쑤였다.

하지만 이런 취급 속에서도 나는 내가 전문가가 된다면 고객들에게 믿음을 줄 수 있을 것이라고 생각했다. 세금 관련된 각종 자료를 공부하고 신문 기사를 스크랩하고 한 눈에 살펴볼 수 있는 세금 절약 표를 만들며 이론 정립에 집중해 나갔다.

물론 이런 노력이 바로 빛을 발휘한 것은 아니었다. 2007년 9월부터 2008년 2월까지 무려 1,500곳을 발로 뛰어다니며 방문했건만 나는 딱 1건의 계약 밖에 하지 못했다. 성공률은 0.1%도 안 된 셈이었다.

나는 그 때부터 목표를 계약 성공이 아닌 계약 거절의

횟수를 늘리는 것으로 바꿨다. 많이 거절당하고 있는 만큼 많이 배우고 있다고 생각을 전환한 것이다. 목표를 거절숫자로 바꾸니 오히려 마음도 편해졌다. 나의 일이 어렵다거나 힘들다고 생각하지 않기로도 마음먹었다. 신규사업체를 찾아다니고 한 번 안면을 튼 사업체에는 재방문을 해서 인사를 드리는 것이 내 일의 전부였다. 어찌 보면 너무도 단순한 업무가 아닌가! 사업체의 계약 거절 횟수가 점점 늘어갈수록 노란우산제도에 대해 조금 더 간결하고 명확하게 설명할 수 있는 노하우는 점점 쌓여갔다.

수많은 거절 업체 중에서도 유독 기억에 남는 곳이 있다. 30번이 넘는 방문에도 계약을 하지 않았던 한 약국이다. 주변에 병원과 약국, 상가들이 밀집해 있는 전북 전주의 한 시장 입구에 있는 약국이었다. 주차장에서 나오는 길 바로 앞에 약국이 있었기 때문에 항상 그 약사님과 눈이 마주치고는 했었다. 몇 번의 방문에도 가입은 안하신다고 거절하셨지만 주차를 하고 나올 때나, 다시 차를 타러 갈 때나 나는 늘 그 약사님과 인사하는 것을 잊지 않았다.

"안녕하세요! 잘 지내셨죠?"

"또 왔네. 안 와도 되는데……."

"저 앞에 주차를 했는데요. 약사님을 뵙고 그냥 지나 칠 수 없어서 인사만 드리고 갈려고요. 많이 잘못 한 것은 아니죠?"

"아, 예. 뭐……."

일을 마치고 주차장에 갈 때도 약사님과 눈이 마주치면 항상,

"약사님! 일 잘보고 갑니다. 안녕히 계세요!"

하고 인사를 했다.

혹시라도 부담을 가지실까봐 어떤 날에는 그냥 지나치고 싶은데 그런 날일수록 꼭 눈이 마주치고는 해서 꼬박꼬박 인사를 드리고는 했다. 시간이 흘러, 그 지역의 상가들과 약국, 병원과의 계약을 모두 마무리를 하고 다른 지역으로 시장을 옮기면서 그 약사님을 한동안 잊고 지냈었다. 그런데 어느 날 같은 일을 하는 친구 동원이에게 전화가 왔다.

"너 남부시장 입구에 있는 약국 알지? 거기서 너한테 가입한다고 오란다."

"그런데 어떻게 너한테 연락이 갔어?"

"약국 2층 병원을 소개받고 갔다가 약국에도 들렀는

데 그 약사님이 너한테 가입한단다. 그게 뭔지도 모르겠고 가입할 맘이 없는데 해야 한다면 너한테 가입하겠대. 50번도 더 온 사람이라서 너한테 해야 한다고."

"네가 그냥 계약하지 그랬어?"

"똑같은 거니까 나한테 하라고 했는데 안 하신대. 너 오면 하겠대."

얼른 일지를 보니 그 약국 방문기록이 30회로 되어 있는데 약사님은 내가 50번도 더 왔던 걸로 기억하시고는 나에게 가입하겠다고 하셨다는 거다.

"뭔지는 잘 모르는데 그래도 믿고 가입하는 거에요."

그동안 그렇게 가입을 안 하겠다고 거절하셨던 약사님은 나에게 기분 좋게 가입하신 뒤에는 다른 약국 3곳을 소개까지 시켜주셨다. 31번의 방문 끝에 4건의 계약을 체결했고 심지어 소개 받아 간 약국에서도 또 다른 약국의 소개를 해 주었다. 사실, 첫 방문 때만 가입에 대한 권유를 했고 나머지 29번은 그저 인사만 드리러 방문했던 것인데 그 시간들이 쌓여서 이런 놀라운 결실을 맺게 된 것이다.

나는 차를 타고 다니며 사업장을 돌아다니기 보다는 일단 한 곳에 주차를 한 후에 직접 내 발로 걸어 다니며 방문을 하고는 했다. '천하의 길치'라는 것도 한 몫을 했는데 차를 주차해 놓고는 어디에 있는지 찾지 못해서 걸어 다녀야 하는 김에 더 많은 사업장을 방문해 일을 했던 것이다. 대한민국에서 간판이 달린 모든 곳이 나의 잠재고객들이 있는 곳이라고 생각하며 일을 했다. 사업장에 가면 늘 손님들이 있었기 때문에 나는 기다림의 자세와 즐거움도 터득해 나갈 수 있었다. 특히 병원과 약국은 상담시간을 기약할 수가 없었는데 아픈 환자를 새치기 해 가며 내 일을 할 수는 없기에 나는 그 때마다 짬을 내어 자료정리도 하고 신문과 잡지도 읽으며 나만의 휴식시간을 갖고는 했다. 너무 춥거나 더운 날에는 일부러 바빠 보이는 병원에 가서 상담시간을 기다리기도 했다.

처음에는 모든 게 어렵고 막막했다. 지금은 건방지게 사업장에 가서 쉰다고까지 표현한다. 사업장에 가서 편하게 쉰다고 표현하는 세일즈맨이 몇이나 있을까? 반복적으로 거절당하면서 체득한 방법이다. 나는 계약을 목적으로 하지 않았다. 거절횟수를 채워나가다 보니 계약도 생겨난 거다. 신규사업체를 발굴하고 한 번 갔던 곳에 또 가서 인사를 드리는 이 단순한 업무를 반복적으로 했을 뿐인데 어느 새 전문가가 되어 있었다. 어떤 사업이든 최대한 단순화하고 반복하면 전문가가 된다. 단순화시킨 사업을 반복하고, 반복하고 또 반복해봐라. 어느 순간부터인가 일이 수월해지고 수입도 늘어나게 된다. 나도 3만 5천 번의 방문까지는 천 건의 계약이 전부였다. 그 후 5천 번의 방문으로 3천 건의 계약이 나온 것이다. 거절횟수가 늘어날수록 가망고객을 발굴하는 노하우가 생겼기 때문이다.

 '헛다리 긁는다.'라는 말이 있다. 우리 세일즈맨들은 이 헛다리를 많이 긁어봐야 한다. 헛다리를 많이 긁어봐야 가려운 다리인지 아닌지를 알게 된다. 미리 헛다리라고 짐작하고 긁어보지 않으면 계속 가렵기만 하다. 계속 긁다보면 가려운 부분을 찾아낼 수 있고 시원함을 느낄 수 있다. 그리고 헛다리를 많이 긁다보면 어디가 가렵고 어떻게 긁어야 시원한지 알게 된다. 헛다리짚은 사업장을 메모하고 기억해둬라. 그리고 계속해서 긁어대라. 그러다보면 진짜 가려운 다리를 찾아낼 수 있는 노하우가 생길 것이다. 그리고 거절의 횟수가 계약의 횟수로 바뀌는 날이 올 것이다.

/06/ 거절보다 더 무서운 A/S

고객의 거절을 이겨내고 드디어 계약을 따냈다. 기쁜 마음으로 지점에 돌아와 실적보고를 하는데 그 순간 갑자기 고객으로부터 전화가 걸려온다. 이런저런 이유로 계약을 취소하겠다는 것이다. 어떤 상황인지 눈에 그려지는가? 세일즈맨에게 있어서 고객의 거절보다 더 무서운 것은 바로 이 같은 계약철회나 계약취소이다. 온갖 영업기술을 습득해 힘들게 계약을 체결했건만 이렇게 고객의 변심으로 계약이 날아가면 세일즈맨들은 더 힘이 빠진다.

나 역시도 몇 번의 계약취소 요청을 받은 적이 있었다. 계약을 하지 않겠다는 이유를 정확히 말을 해주면 해결하려고 노력이라도 할 텐데 이유를 대지도 않고 그냥 취소해달라고 하는 경우도 있었고 순간적인 판단으로 가입을 했는데 재정상태가 좋지 않아 다음에 하겠다는 경우도 있었다. 전화로 취소처리를 할 수도 있었지만 나는 일단 이런 상황이 되면 무조건 사업장으로 달려가서 고객을 직접 만나보았다. 그리고 계약을 취소하려는 정확한 이유를 들어보았고 정말 어쩔 수 없는 경우라고 판단이 되면 빠르게 취소처리를 해 주었다.

그런데 때로는 일부 몰지각한 세일즈맨의 개입으로 인해 계약이 취소된 적이 있었는데 이럴 때는 그냥 넘어가지 않았다. 이미 다른 세일즈맨과 계약을 체결했다는 것을 알고 못 먹는 감 찔러나 보자는 생각으로 고객의 판단능력을 흩뜨려 놓는 것인데 이를 두고 볼 수만은 없었다. 그 세일즈맨은 자신이 갖고 있는 상품과 내가 판매한 상품을 제대로 비교해주지도 않고 무조건 나의 상품을 비방하고 자신의 상품만을 팔려는 수작을 부렸었다. 해서 나는 일단 고객에게는 취소해줄 테니 걱정 말라고 한 뒤에 세무사무실과 국세청에 가서 조사를 했다. 그 뒤에는 고객의 기분이 상하지 않도록 충분히 상품 비교를 해 드린 후에 그 세일즈맨이 잘못된 정보를 주었음을 말해주었다. 세법과 세금관련으로 준비한 자료를 보여주며 말을 하니 고객도 내 말을 믿고 다시 계약취소를 철회해주었다.

이렇게 세일즈맨들에게 거절보다 더 무서운 계약철회와 취소요청이 들어오면 어떻게 해야 할까? 물론 가장 중요한 것은 계약을 할 때 꼼꼼하게 안내를 해 주고 끝까지 고객이 변심하지 않고 계약을 유지할 수 있도록 하는 것이다. 하지만 그럼에도 불구하고 계약철회나 취소

요청이 들어온다면 전화로만 얘기할 것이 아니라 일단 무조건 고객을 만나러 뛰어 가야한다. 처음 신규계약을 체결하는 마음으로 달려가서 고객의 이야기를 들어봐야 한다. 재계약을 하건 안 하건 사소한 오해나 나의 설명이 부족했던 부분이 있었다면 깔끔하게 해결해주고 와야 한다. 오해가 있었다면 풀어야 하고 고객의 단순변심이라면 처음 계약을 할 때보다 더 강력한 응대와 정확한 설명과 설득이 필요하다. 그런 뒤에도 고객이 계약취소나 철회를 번복하지 않는다면 신속하고 깨끗하게 절차를 도와줘야 한다. 그리고 예의를 갖추어서 고객과 인사를 하고 다음을 기약해야 안티고객이 생기지 않는다.

가장 훌륭한 A/S는 A/S가 필요한 상황자체를 만들지 않는 것이다. 세일즈맨에게도 고객에게도 이 A/S가 필요한 상황은 결코 달갑지 않은 시간일 것이다. 그러니 처음부터 고객에게 확실한 믿음을 심어줘라. 계약을 성사시키기까지 들인 그 고생을 두 번 반복하는 일이 없도록 해야 할 것이다.

/07/ 거절을 거절하라.
- 시작부터 거절은 없고 도전만 있는 일곱 가지 방법

 거절이라는 말이 부정적이라 다르게 표현해보라고 한다면 나는 도전이라고 말하고 싶다. 세일즈를 시작하려고 하는 모든 세일즈맨들은 실제 영업에 뛰어들기도 전에 미리 겁부터 먹는다. '혼자서 북 치고 장구 친다.'는 말처럼 혼자 머릿속으로 거절부터 예상하고 고객과의 만남 자체를 시도하지 않는다. 이 책의 원래 제목도 4만 번의 도전이 아닌 4만 번의 거절이었다. '4만 번의 거절'이라는 말이 더 강력하게 들려서 좋다는 영업 관리자들과는 달리 세일즈맨들은 이 말이 너무 무섭게 들린다며 '4만 번의 도전'으로 바꿔주면 좋겠다는 말을 했었다. 거절이라는 말 자체부터가 세일즈맨들에게는 공포인 것이다. 생각해보면 수많은 거절 속에 내가 무뎌졌을 뿐 그 어떤 세일즈맨들이 이 거절을 두려워하지 않겠는가. 해서 나는 이제부터 거절을 거절하고 도전이라는 새로운 표현을 쓰기로 한다. 고객의 거절은 세일즈맨이 당연히 거쳐야 할 통과의례와 같다. 거절과 도전은 마치 동전의 앞뒷면과 같은 것이다. 거절의 한 면만을 보고 기겁해 도

망가지 마라. 이제부터는 거절이 아닌 도전하는 이야기를 해 보자. ☂

:: 시작부터 거절은 없고 도전만 있는 일곱 가지 방법

첫째, 내가 세일즈 할 상품의 박사가 되라.

내가 고객들에게 판매해야 하는 상품에 대해서 잘 알지도 못 하면서 소개를 할 수는 없는 법이다. 그러므로 우선 내가 판매하는 상품이 어떻게 해서 생겨났으며 어떻게 유통되는지 이 상품의 장점과 단점이 무엇인지를 분석해야 한다. 그리고 이를 어떻게 하면 고객이 이해하기 쉽게 설명할 수 있을지도 생각해 봐야 한다. 그래서 고객이 상품에 관련한 어떤 질문을 해도 주저 없이 알기 쉽게 설명할 수 있어야 한다. 그래야만 고객의 신뢰를 얻을 수 있다.

나아가 다른 회사의 동종 상품이나 유사 상품도 파악해두어야 한다. 다른 회사의 상품과 우리 회사의 상품이 각각 어떤 특징과 장단점을 가지고 있는지를 알아야 비로소 전문가로 인정받을 수 있을 것이다. 고객을 만나기 전에 거절을 두려워 할 시간이 없다. 나는 지금 이 상품의 박사라 불릴 만큼 잘 알고 있는 지 스스로 체크해봐라. 상품에 대해 완벽히 알

게 되면 나도 모르는 자신감이 붙는다. 거절도 두렵지 않고 낯선 사람을 만나 세일즈를 한다는 것도 부끄럽지 않아질 것이다.

때로는 어렵게 계약을 이끌어내도 못된 경쟁자들의 농간으로 계약이 취소되기도 한다. 이를 대비하려면 무조건 상품박사가 되어야 한다. 처음 세일즈를 시작하기로 마음먹었을 때를 기억해봐라. 할 수 있다고, 판매할 자신 있다고 시작한 세일즈가 아니던가. 마음만 먹으면 누구나 이 상품의 박사가 될 수 있다. 상품을 만들어낸 대표의 마음으로 그 배경과 특징 등을 안내하고 이 상품을 구매한 소비자의 마음으로 상품의 후기까지 들려줄 수 있도록 철저히 공부해야 한다.

둘째, **상품이 필요한 고객을 선정하고 공략할 작전을 짜라.**

상품을 철저히 분석했다면 이제는 이 상품을 누구에게 안내할 것인지 고객을 선정해야 한다. 상품에 가입할 수 없는, 상품이 전혀 필요 없는, 상품을 구매할 능력이 없는 고객을 선정하지 않았는지 분석한 후에 분류해야 한다.

　고객을 분류했다고 이로써 끝이 아니다. 분류했으면 이제 이 고객을 어떻게 공략할 것인가 작전을 짜야 한다. 우리가 통계청 직원도 아니고 열심히 분석해서 논문을 발표하려고 하는 것도 아니니 이것만으로 세일즈 준비를 마쳤다고 생각해서는 안 된다.

　내가 찾아갈 고객이 누구인지에 따라 방문 시간, 말투와 행동, 상품 안내 방법 등을 다르게 적용해야 한다. 감이 잡히지 않는다면 끊임없이 고객을 방문하는 수밖에 없다. 같은 업종에 종사하는 고객들을 분류해서 그 고객층만 몇 날이고 몇 달이고 파고드는 것도 좋다. 작전도 없이 전쟁에 뛰어들었다가는 무참히 패할 뿐이다. 나와 만나게 될 고객의 성향과 사업체를 충분히 파악했다면 이제 그 작전을 실행하러 갈 시간이다.

셋째, 작전이 나오면 곧바로 돌진하라.

　이제 모든 준비를 마쳤으니 현장으로 뛰어들 차례이다. 그런데 여기서 대부분의 세일즈맨들의 브레이크가 걸린다. 머릿속으로는 모든 게 완벽한 것 같은데 막상 의문이 드는 것이다. 이게 과연 될까? 들어갔다가 망신만 당하고 나오는 게 아닐까? 괜히 얼굴이 화끈해지고 내가 어쩌다 남들 앞에서 굽실거리는 일을 하게 된 걸까? 하는 온갖 생각이 들 것이다.

하지만 두렵다고 해서 회의감이 든다고 해서 시작도 해보지 않고 포기할 것인가? 앞서 포기도 현명한 전략이 된다고 말했지만 이것은 포기의 축에 들지도 못한다. 5개월 간 겨우 단 한 건의 계약을 했으며, 지금껏 고객에게 거절당한 횟수만 4만 번인 나도 아직은 포기할 단계가 아니라며 물러서지 않았다. 그러니 돌진하라. 열심히 준비한 그 작전을 전쟁터에서 제대로 써 봐야 하지 않겠는가.

물론 그러다 고객으로부터 거절이라도 당하게 되면 그 다음 시도가 두려워 재방문은 생각조차 못하게 될 수 있다. 명심해라. 당신이 정성껏 상품도 분석했고 고객도 분류해서 공략할 작전까지 제대로 짰음에도 불구하고 거절을 당했다면 그건 처음부터 잘못된 것이다. 수만 번의 경험으로 자신 있게 말할 수 있다. 고객을 잘못 파악했으며 작전도 틀린 것이다. 그러니 재빨리 처음으로 돌아가라. 고객선정도 다시 하고 그들의 성향도 파악해서 작전을 바꿔야 한다. 그리고 다시 돌진하면 된다.

넷째, 경청과 복명복창을 기억하라.

자, 이제 고객과 대면할 시간이다. 돌진해서 고객을 마주하고 고객의 소리를 경청할 기회가 주어지는 것부터가 진짜 도전의 시작이다. 그 고객이 구매의사가 있든지 없든지 고객과 이야기를 나눌 기회를 만들었다는 것만으로도 당신은 대단한 발전을 이룬 것이다. 설령 그 자리에서 고객이 거절을 하더라도 고객이 한 말을 기억하고 메모해서 다음 만남 때 반드시 활용해라. 내가 고객의 말을 경청하고 있었다는 인식을 심어주기만 해도 절반의 성공은 거둔 셈이다.

내가 만난 대부분의 고객들은 지금껏 만난 세일즈맨이 자신의 말을 경청해주고 복명복창을 하지 않았다고 말한다. 만약 그런 세일즈맨을 만났다는 고객이 있다면 대한민국 1% 안에 드는 우수한 세일즈맨을 만났다고 말해도 과장이 아니다. 99%의 평범한 세일즈맨들은 1%의 성공한 세일즈맨을 꿈꾸며 살아간다. 그런데 이 1%는 엄청난 재능과 타고난 운으로 되는 것이 아니다. 고시를 준비하듯이 공부해야 하는 것도 아니고 올림픽에 나가는 것처럼 피땀으로 연습해야 하는 것도 아니다. 그저 고객의 소리에 귀를 기울이고 고객이 말한 것을 똑같이 되풀이해서 대화를 유지해나가는 '경청'과 '복명복창'의 기술만 터득하면 된다.

지금까지 말한 네 가지 방법 중에서 도전이라는 거창한 표현을 할 만한 게 있었는가? 아니다. 어떤 세일즈맨이라도 시도할 수 있는 것들이었다. 그러니 거침없이 다섯 번째 방법으로 넘어가보자.

다섯째, 상황판단을 해라.

고객을 선정했고, 작전을 짰고, 현장에 돌진했고, 고객의 말을 경청했고 복명복창했다면 이제 고객의 진짜 속마음을 판단할 차례이다. 고객이 구매를 거절했다면 그 이유를 판단해봐야 한다. 만약 안타깝게도 내 생각에도 구매가 어렵겠다고 판단했다면 그 자리에서 물러나야 한다. 마감에 쫓겨 억지로 성사한 불안한 계약은 오래가지 못한다. 거절을 이겨내야만 반드시 승리하는 게 아니다. 고객이 구매를 거절한 합당한 사유를 억지를 부려서 꺾어버리려고 하면 안 된다. 고객이 구매를 할 수 있는 다음을 기약하고 좋은 인연이 될 수 있도록 끝맺음을 잘해놔야 한다. 나의 경우에도 물러나야 할 때 물러났더니 그 다음에 연락을 한 고객이 수도 없이 많았다.

고객이 구매를 거절한 이유를 들어보니 충분히 응대가능하다고 생각이 된다면 앞서 제시한 자동응대법에 따라 대화를 이어나가면 된다.

이 상황판단이라는 것이 하루아침에 되는 것은 결코 아니다. 상대방을 간파할 수 있는 눈치가 필요하고 머릿속에서 빠르게 계산할 수 있는 순발력도 필요하다. 사실 그러기 위해서는 고객을 많이 만나보는 수밖에 없다. 그러다보면 어느 새 고객의 표정만 보아도 속마음을 꿰뚫어볼 만한 눈을 갖게 될 것이다.

여섯째, **지혜로운 끈기를 가져라.**

지혜로운 끈기는 참으로 어렵다. 하지만 세일즈맨들에게 있어서는 참으로 중요한 필수 요소이다. 막연한 끈기만으로는 성공적인 세일즈를 하기 힘들다. 반드시 지혜를 동반한 끈기가 필요하다. 계약은 체결되지 않았지만 가능성이 있는 고객에게 끈기를 발휘하려면 나의 업무시간과 열정의 딱 십분의 일만 투자해라. 그러면서 고객이 마음을 열기를 기다리는 것이 지혜로운 끈기이다. 한 사람의 고객과 계약을 하기 위해 들이는 시간이 너무 오래 걸린다면 최종 성공을 보장받지 못할 수도 있다.

간혹 대형고객을 노리고 가지고 있는 모든 것을 투자해버리려는 세일즈맨이 있는데 무척 위험한 일이다. 그 대형고객은 나에게만 가능성이 열려 있는 것이 아니다. 모든 세일즈맨들이 그 대형고객을 노리고 있을 것이다. 그러다보니 그 대형고객은 웬만한 세일즈맨들 쯤은 능숙하게 거절할 만큼 베테랑일 수 있다. 마음속에 정한 고객을 반드시 내 고객으로 만들겠다는 끈기는 나쁘지 않다. 하지만 계약이 성사되기까지

들이는 내 시간을 나중에 보상 받을 만큼 가치가 있는 지 판단해 본 후에 기다려도 기다려야 한다. 만약 그만한 가치가 없는데도 한 방을 노리고 기다린다면 그것은 끈기가 아니다.

무작정 고객을 기다리고 고객을 찾아가는 것만이 끈기가 아님을 명심하고 내가 지금 지혜롭게 끈기를 갖고 기다리는 지를 늘 체크해 보기를 바란다.

일곱째, 고객과 꾸준히 좋은 관계를 유지해라.

어느 시점부터 고객과 좋은 관계를 유지해 나가야 할까? 계약이 이뤄지고 진짜 내 고객이 된 다음부터? No! 절대 아니다. 세일즈맨은 고객을 만나기 전부터 좋은 관계를 맺기 위한 준비를 하고 노력해야 한다. 사업체를 방문하기 전 문 앞에 서서 심호흡을 해라. '좋은 인연이 될 고객과의 첫 만남이 시작되는구나.' 고객과의 좋은 만남을 생각하며 문을 열고 들어서라. 그런데 여기서 앞서 제시한 6가지의 방법을 모두 지켰건만 모멸감까지 느껴질 정도의 언행으로 세일즈맨을 거절하는 고객들이 더러 있다. 세일즈맨을 비참하게 만들고 일을 그만두고 싶게 만들 정도의 강력한 고객의 거절은 나 역시 초기에 버티기 힘들게 만들었다. 하지만 지금은 이런 고객을 만나도 기분이 나쁘지 않다. 그 고객이 어떤 식으로 나를 대했건 나는 그 고객과 좋은 관계를 유지해야 하므로 나의 마음에 평정심을 찾아야 하는데 그게 참 힘든 일이다. 하지만 나는 다음 두 가지 생각으로 나를 매몰차게 몰아내는 고객들 앞에서도 웃을 수 있었다. 지금 그 비법을 공개하니 소문내지 말고 혼자만 기억해뒀다가 꼭 써먹기를 바란다.

1. 지금 내 앞에 있는 이 사람은, 사람이 아니다.

오만가지 일이 다 일어나는 요지경 세상에 대수롭지도 않은 세일즈맨의 방문으로 이렇게 소리를 지르고 금방이라도 튀어나올 것 같은 눈으로 나를 쫓아내려는 이 사람은 사람이 아니다. 사람의 탈을 쓰고 있는 외계인이다. '죄송합니다.' 혹은 '안녕히 계세요.' 이 한마디의 인사를 남기고 얼른 그 자리를 나와버리면 그만이다. 나는 또 지구인을 만나러 가야 하기 때문에 발길을 재촉한다.

2. 지금 내 앞에 있는 이 사람은, 어제나 오늘 집안에 심각한 일이 있었던 게 분명하다.

※ 부인이나 남편이 바람이 났고 내일 이혼하러 법원에 간다.
※ 공부 1등 하던 자녀가 갑자기 성적이 하위권으로 떨어졌다.
※ 자식이 비상금을 훔쳐서 가출을 했다.
※ 사기를 당해서 집과 점포를 곧 비워줘야 한다.

이런 일을 당한 사람이니 당연히 누가 찾아와도 달가워하지 않았을 것이다. 나에게 화를 내며 나가라고 소리 지르는 고객이 차라리 측은해 보인다.

자, 어떤가! 이 사실을 미리 알았더라면 세일즈맨들은 절대 이 고객에게 다가가 인사조차 하지 않았을 것이다. 만약 모르고 들어갔다가 1번과 2번 경우의 고객들을 만났다면 우리는 빨리 그들이 혼자 있을 수 있도록 해줘야 한다. 나는 수 만 번의 방문 중에 이런 사람들을 그리 많이 보지는 못했다. 하지만 세일즈를 처음 시작하는 초년생들이 이런 강력한 거절로 대하는 고객을 만나면 견디기 힘들 것이다. 하지만 기억해야 할 것은 그렇다고 절대로 고객과 얼굴을 붉히는 일을 만들어서는 안 된다는 것이다. 나의 경우 그들이 외계인에서 지구인으로 탈바꿈했거나 집안 문제가 해결되었을 때 재방문을 해서 계약을 체결하기도 했기 때문이다. 즉, 단 한 번의 만남으로 고객을 평가하고 관계를 끊어버리려는 실수를 범해서는 안 된다는 말이다.

고객과 좋은 관계에 있다고 해서 반드시 계약으로 성사되는 것만도 아니다. 하지만 그 고객에게 내가 존재하는 이유를 명확히 가슴에 새겨주고 필요로 하는 정보를 꾸준히 준다면 그 고객이 아니더라도 그의 주변 사람들이 내 고객으로 돌아올 수 있다. 고객이 종사하는 업종마다 관심사항이 있는데 이를 인터넷이나 책을 통해 자료로 만들어서 편지와 함께 보내봐라. 이를 싫어할 고객은 절대로 없다. 기대 이상의 만족을 얻을 수 있을 것이다.

나는 남녀노소를 막론하고 전국 8도에 고객들이 있다. 그 중에는 각별히 친해진 고객들이 상당히 많다. 그러다보니 이제는 내가 현장에 직접 뛰어다니지 않아도 이 친한 고객들로부터 꾸준하게 소개가 들어온다. 계약만 받아내고 연락을 뜸하게 하며 사후관리를 제대로 하지 않으면 절대로 이런 관계를 맺을 수 없다. 처음 4백 명을 만났을 때는 내 고객이 0명이었으나 4천명을 만났을 때는 100명의 친한 고객이 생겨났다. 4만 명을 만났을 때는 4천명을 넘어섰다. 이제 이 4천명이 전국에서 '유준원'의 이름을 기억하고 연락을 해온다. 사람만큼 큰 힘을 갖고 있는 자산은 없다. 당신과 좋은 관계를 맺고 있는 그 고객들이 언젠가는 당신에게 더 큰 힘을 실어줄 것이다.

/epilogue/

감사의 글

먼저 하나님께 영광을 돌릴 수 있어서 감사드립니다. 다니고 있는 아름다운 개척교회인 큰기쁨교회 목사님과 교회가족들에게 감사드립니다.

지금까지 수많은 도전을 해 왔지만 책을 쓴다는 것은 겨우 잔잔해진 제 인생의 바다에 또 하나의 거친 파도를 일으키는 일이었습니다. 그럼에도 불구하고 책을 쓰고 싶다는 열망은 날이 갈수록 커져 결국 오늘 이렇게 출간까지 하게 되었습니다. 이 책이 나오기까지 저의 곁에서 함께 힘 써주신 모든 분들에게 감사드립니다.

먼저, 책을 쓰는 내내 가족보다도 더 많은 시간을 함께하며 거절극복 교육 프로그램을 기획하고 제 글에 대한 날카로운 비평을 해 준, 더 클 교육센터 성 훈 총괄 기획본부장에게 감사드립니다. 또한 전 세계를 누비며 누구보다 바쁜 시간을 보내고 있음에도 전폭적인 지원을 아끼지 않아 준, 더 클 코리아 유창남 대표에게도 감사의 인사를 드립니다.

대형출판사의 전문디자이너 못지않은 실력으로 멋지게 책 표지를 만들어 준 엄윤경 디자이너, 내가 필요로 하는 천여 권의 책들을 찾기 쉽게 정리해 주고 표지사진 메이크업까지 자청하고 나서서 해 준 김혜림 프로그래머, 회사의 모든 조직과 지원은 세일즈맨을 위해 존재한다는 감동의 메시지를 전해 준 강수진 주임, ㈜이시스의 박선건대표, 조 훈 이사, 해외무역파트 이경선 팀장, 기업부설연구소 안준형 소장, 모수진, 이미경팀원, 더클 코리아 식구들의 응원이 큰 힘이 되었습니다. 고맙습니다.

내가 쓴 글을 씹고 뜯고 맛보고 즐기며 다듬어 준 글 친구들. 윤주, 해나, 온결에게 감사드립니다. 그리고 나를 위해 기꺼이 시간을 내 주어 책의 컨셉을 잡아 준 라온북 출판사 조영석 대표, 감사합니다.

글은 더 겸손해야 하고, 솔직해야 한다고 말해 줘 나의 원고를 '진짜'로 만들어 준 위너스북 김시경 편집장과 나의 열정에 박수를 보내며 격려를 해 준 교보문고 송미경 차장, 세일즈 현장에서 최고의 우군이 되어 준 김점숙 회계사무실 사무장, 김웅일 대한약사회세무대책팀장, 배정은 팀장에게도 감사하다는 말 전하고 싶습니다.

세무법인 〈다름〉의 김종화 대표, 전북변호사협회, 전북의사협회, 힘찬약국 송규호 약사, 통영모범약국 이광식 약사, 전북군산시한의사회, 경북구미시약사회, 경남통영시한의사회, 경북포항시약사회, 문화포럼 〈나니레〉 김성훈 대표, 이바돔 대전가양점 장순해 대표, 유·아동의류제조 이천 이병성 대표., 테마생활백화점 이석빈·석민주 대표, 김찬 선생님, 대구 하태돈 대표, 전북신용보증재단 이광행 부장에게도 감사드립니다.

무엇보다 세일즈 현장에서 나만큼이나 거절을 두려워하지 않고 뛰어다니며 고객을 만나는 최동원 대표, 디컴즈 송방용 대표, 우산물류센터 황인환 대표, 문미순 TM 팀장, 삼성화재 김권기 전주지역단장·남상철 지점장, 프라임에셋 류규현 본부장, 삼성화재 김형대리점 김창식 대표, 코스원앱개발 박성근 대표, 문구업계 최고가 되겠다는 네오다다 심정재 전무, 남문문구도매센타 임승환 전무, 아모레퍼시픽 온고을특약점 양재인 대표, ㈜

삼오전기 김은하 대표, 호남기전 조광식 대표, 성공사 김양회·노영심 대표, 연출인테리어 김동선 대표, 전주문구카피센터 박은선 대표, 미래에셋생명보험 윤광용 SM, 유정훈 SM, 스타리치 류숙희 지점장, MBC커뮤니케이션즈 김혜영 팀장, 교보생명보험 김순오 SM, 푸르덴셜생명보험 박은선 SM, 기아자동차 장민영 차장, 제조공동물류센터 채규운 대표·조두홍 과장, 평화광장시장 최성환, 가든파이브 박찬승, 신협생명 조경호 지점장·오상재 과장, 허벌라이프 김명희·김선임 코치가 있어서 늘 거절극복에 관한 내용에 대해 좋은 영감을 받았습니다. 감사합니다.

특히, 10년 이상 또는 40년 이상을 같은 제품으로 세일즈하면서 3대나 4대, 5대까지 고객을 만들어가는 (70세가 넘는 카운슬러도 많음) 아모레퍼시픽 카운슬러들로부터 배운 신뢰의 영업으로부터도 많이 배웠습니다.

항상 칭찬과 격려를 아끼지 않은 장길호 전북경제통상진흥 원장, 중소기업중앙회 김기문 회장, 전석봉 노란우산공제사업본부장, 유영호 본부장, 김경만 본부장, 권기만 서울동부지부장, 정기영 부장, 강우용 차장, 황보훈 과장, 문철홍 과장, 이애란 과장, 임선우 과장, 백은

진 과장, 박재세 과장, 김장민 대리, 김진훈, 이현택, 김수현, 손지영에게도 감사의 인사드립니다.

책 출간을 누구보다 축하해 주고 늘 행복하길 바란다고 했던 고마운 카이스트 한동수 교수와 그의 아내 (주)브이아이랜드 김경인 대표, 월간 까데뜨 서정현 편집장, 기획재정부 이지형 사무관, 신세계 인사담당 이은영, 독일인 남편과 행복하게 살고 있는 나의 첫 번째 글 친구 김영아, 리더스 독서클럽에게도 감사함을 전합니다.

사랑하는 친구들과 가족들에게는 직접 만나 감사를 표하겠습니다. 그래도 나의 아들 지훈에게는 한 번 더 고맙다고 말하고 싶습니다. "아빠는 오랫동안 베스트셀러를 낸 작가처럼 글을 잘 쓰시네요."라며 황홀한 아부를 해 준 지훈아, 고맙다! 네 말 듣고 아빠 용기내서 책 쓰게 되었다. 나의 딸 솔아! 서운해 하지 마라. 너는 동생처럼 이런 멋진 아부를 안 했잖니? 그래도 똑같이 사랑한다.

끝으로 저를 통해 계약을 해 주신 전국의 고객님들께 감사드립니다. 고객님들이 계셨기에 제가 오늘 이런 글도 쓰게 되었습니다. 고객님들이 계시지 않았다면 제가 이런 뜻 깊은 일을 해 낼 수 있었을까요? 제가 또 고객님들께

이 책을 사달라고 부탁하러 갈 겁니다. 그 때 거절하셔도 됩니다. 저는 또 이 거절을 어떻게 극복할지 연구하며 기분 좋게 판매하도록 하겠습니다.

이제 저는 작가로서의 새 삶뿐만 아니라 거절극복연구소 소장으로서의 삶, 서울디지털대학교 문예창작학과 신입생으로서의 삶을 시작하게 되었습니다. 2014년은 제 인생의 새로운 막이 열리는 해입니다. 이 새로운 무대에 함께해 주신 독자 여러분들께도 마음 깊이 감사드리며, 늘 건강하시기를 바랍니다.

- 유 준 원 -

거절을 거절하라

초판인쇄일 | 2014년 2월 17일
초판발행일 | 2014년 3월 01일

지은이 유준원
발행인 유창남
기 획 성훈
편 집 유미순
교정교열 이윤주
표지디자인 엄윤경
내지디자인 박수정
발행처 (주)더클코리아
인쇄 Pacom www.gopacom.com
공급처 명문사 www.mmsbook.co.kr
출판신고 제 2013-000072호
주소 서울시 금천구 가산동 60-18 한신IT타워 2차 7층 705호
전화 (02)2025-3220 팩스 (02)2025-3221
전자우편 thecleceo@naver.com

ⓒ유준원 저작권자와 맺은 특약에 따라 검인을 생략합니다.
ISBN 979-11-952091-0-1

※ 이 책은 저작권법에 따라 보호받는 저작물이므로 무단전제와 무단복제를 금지하며, 이 책 내용의 전부 또는 일부를 이용하려면 반드시 저작권자와 (주)더클코리아의 서면동의를 받아야 합니다.

※ 가격은 뒤 표지에 있습니다.

※ 잘못된 책은 구입하신 곳에서 교환해 드립니다.

(주)더클코리아는 독자 여러분의 책에 관한 아이디어와 원고 투고를 기다리고 있습니다.
출간을 원하시는 분은 thecleceo@naver.com으로 개요와 취지, 연락처 등을 보내주세요.